Irma Hildebrandt

FRAUEN
SETZEN AKZENTE

Irma Hildebrandt

FRAUEN
SETZEN AKZENTE

Prägende Gestalten der Bundesrepublik

Diederichs

FSC
Mixed Sources
Product group from well-managed
forests and other controlled sources

Cert no. SA-COC-001819
www.fsc.org
© 1996 Forest Stewardship Council

Verlagsgruppe Random House FSC-DEU-0100
Das für dieses Buch verwendete FSC-zertifizierte Papier
EOS liefert Salzer, St. Pölten

© 2009 Diederichs Verlag, München
in der Verlagsgruppe Random House GmbH
Umschlaggestaltung: Weiss/Zembsch/Partner, Werkstatt/München
Motive: Ullstein Bild (Hannah Arendt),
Picture Alliance (Hildegard Hamm-Brücher, Petra Kelly,
Angela Merkel, Christiane Nüsslein-Volhard, Alice Schwarzer)
Druck und Bindung: CPI Moravia Books s.r.o., Pohorelice
Printed in Czech Republic
ISBN 978-3-424-35003-6

Weitere Informationen zu diesem Buch und unserem gesamten
lieferbaren Programm finden Sie unter
www.diederichs-verlag.de

Inhalt

Vorwort.................................. 7

»*Denk ich an Deutschland ...*«
HANNAH ARENDT (1906–1975) 11

Heimat in der deutschen Sprache
HILDE DOMIN (1909–2006)................ 33

Kabarettistin mit Charme, Leidenschaft und Wut
LORE LORENTZ (1920–1994) 53

Mehr Demokratie wagen!
HILDEGARD HAMM-BRÜCHER (1921) 71

Mystik und Politische Nachtgebete
DOROTHEE SÖLLE (1929–2003) 91

Die Blutspur der RAF
ULRIKE MEINHOF (1934–1976) 109

Eine Querdenkerin stärkt Frauen den Rücken
RITA SÜSSMUTH (*1937) 131

*Erster Nobelpreis für deutsche
Naturwissenschaftlerin*
CHRISTIANE NÜSSLEIN-VOLHARD (*1942) 153

Mit Emma *ins feministische Gefecht*
ALICE SCHWARZER (*1942) 173

Einsatz für deutsch-polnische Verständigung
GESINE SCHWAN (*1943) 191

Tragischer Tod einer grünen Visionärin
PETRA KELLY (1947–1992)................ 211

»Kohls Mädchen« macht Weltpolitik
ANGELA MERKEL (*1954) 231

Literaturhinweise......................... 251

Bildnachweis 256

Vorwort

Die deutsche Geschichte nach 1945 wurde von Frauen entscheidend mitgeprägt. Sie organisierten in der ersten Nachkriegszeit zwischen Trümmern den Alltag. Mit der Gründung der Bundesrepublik im Mai 1949 normalisierte sich das Leben allmählich, im Grundgesetz wurde der wichtige Satz verankert: »Männer und Frauen sind gleichberechtigt.« In der Praxis war allerdings von Gleichberechtigung noch nicht viel zu spüren. Frauen mussten sich ihre Stellung im Beruf, in der Politik und im gesellschaftlichen Leben erkämpfen. Doch sie schafften es, auch ohne Lobby und Seilschaften. Sie rückten mehr und mehr in verantwortliche Positionen auf und setzten eigene Akzente. Einige dieser Frauen sind hier porträtiert, stellvertretend für all die anderen, die ihr Leben selbstbestimmt, mit Fantasie und Verantwortungsbewusstsein gestaltet haben oder noch gestalten.

Am Anfang des Bandes stehen, nicht zufällig, zwei Emigrantinnen, die nach Hitlers Machtergreifung aus Deutschland fliehen mussten, aber trotz der erlittenen Schikanen sich als Deutsche fühlten. Die eine, die Philosophin Hannah Arendt, hat die Entwicklung der Bundesrepublik von New York aus mit kritischem Blick verfolgt und mit ihren Berichten über den Eichmann-Prozess in Jerusalem großes Aufsehen erregt. Die andere, die Lyrikerin Hilde Domin, ist nach dem Krieg nach Deutschland zurückgekehrt, weil sie ohne die deutsche Sprache nicht leben konnte. Mit beißender Ironie hat Lore Lorentz, die Meisterin des politischen Kabaretts, im Düsseldorfer »Kom(m)ödchen« aufgespießt, was an nationalsozialistischem Gedankengut noch in den Köpfen deutscher Bürger steckte.

Die evangelische Theologin Dorothee Sölle, zu deren »Politischen Nachtgebeten« in Köln und anderswo Tausende in die Kirchen strömten, hat es fertiggebracht, Befreiungstheologie und Friedensinitiativen mit kontemplativer Mystik zu verbinden. Christlich geprägt und mit Interesse an theologischen Fragen hat auch die spätere RAF-Terroristin Ulrike Meinhof ihre Laufbahn begonnen. In Berlin gehörte sie zu den Mitbegründern der Rote-Armee-Fraktion, deren Morde die Republik in Atem hielten. Meinhofs Selbstmord im Gefängnis Stuttgart-Stammheim wird von Freunden und Sympathisanten bis heute angezweifelt.

In die Aufbruch- und Umbruchzeit der späten 60er- und frühen 70er-Jahre fallen auch die Aktionen der Radikalfeministin Alice Schwarzer gegen den § 218, gegen Prostitution und männliche Gewalt. Als Leitfigur der Frauenbewegung und Herausgeberin der feministischen Zeitschrift *Emma* ist sie für viele Frauen Vorbild, für manche auch Ärgernis geblieben. Weniger lautes, dafür nachhaltiges Echo fand die Verleihung des Nobelpreises für Medizin an die Entwicklungsbiologin Christiane Nüsslein-Volhard – der erste Nobelpreis für eine deutsche Naturwissenschaftlerin.

In der Politik haben sich in den letzten Jahrzehnten erfreulich viele Frauen durchgesetzt und profiliert, das gilt quer durch die Parteien. Über ein halbes Jahrhundert, bis zum Jahr 2002, hat Hildegard Hamm-Brücher die FDP mitgeprägt, standfest und konsequent liberale Grundsätze verteidigend. In der CDU hat sich Rita Süssmuth als Frauenministerin beharrlich, oft gegen Widerstand aus den eigenen Reihen, für die Vereinbarkeit von Beruf und Familie eingesetzt. Auch Gesine Schwan fand in ihrer Partei, der SPD, nicht immer einhellige Zustimmung, ob bei ihren Bemühungen um die deutsch-polnische Verständigung oder für ihre Präsidentschaftskandidatur. Durch den tragischen Tod Petra Kellys verloren die Grünen eine engagierte Kämpferin gegen atomare Aufrüstung und Umweltzerstörung. Und die jüngste der Politikerinnen, Angela Merkel, hat es am weitesten gebracht. Aus »Kohls Mädchen« ist eine selbstbewusste, weltgewandte Bundeskanzlerin geworden. Wer hätte das noch vor einem Jahrzehnt gedacht?

»Denk ich an Deutschland ...«

HANNAH ARENDT
(1906–1975)

> »Für mich ist Deutschland die
> Muttersprache, die Philosophie
> und die Dichtung.«
> HANNAH ARENDT

»Denk ich an Deutschland in der Nacht, / Dann bin ich um den Schlaf gebracht, / Ich kann nicht mehr die Augen schließen. / Und meine heißen Tränen fließen.« ...

Heinrich Heines »Nachtgedanken«, 1843 im Pariser Exil zu Papier gebracht, können viele deutsche Emigranten nachempfinden, auch Hannah Arendt hundert Jahre später im fernen New York. Allerdings wird die unsentimentale Denkerin keine heißen Tränen vergossen haben beim Gedanken an Deutschland, eher wird sie ins Grübeln gekommen sein über deutsche Mentalität und die Ursprünge deutscher Katastrophen im Laufe der Zeit. Heines trotzige Zuversicht kann sie nicht geteilt haben beim Lesen der Gedichtstrophe:

»Deutschland hat ewigen Bestand, / Es ist ein kerngesundes Land; / Mit seinen Eichen, seinen Linden, / Werd ich es immer wiederfinden.«

Sie reist nach dem Zweiten Weltkrieg häufig nach Deutschland, nicht um eine Idylle wiederzufinden, sondern als nüchterne Beobachterin der politischen und gesellschaftlichen Entwicklung und natürlich, um alte Freunde zu treffen. Als Direktorin einer Organisation zur Rettung jüdischen Kulturgutes ist sie auch dienstlich unterwegs, verhandelt mit amtlichen Stellen und Institutionen und bringt ihre Eindrücke 1950 in einem Essay zu Papier: *Besuch in Deutschland. Nachwirkungen des Nazi-Regimes.* In diesen Aufzeichnungen schwingt Enttäuschung mit, Enttäuschung über mangelnde Bereitschaft der Deutschen, sich das Ausmaß der hinter ihnen liegenden Katastrophe bewusst zu machen, in sich zu gehen und die Vergangenheit nicht unter den Teppich zu kehren.

Sie stellt einen auffallenden Beschäftigungsdrang der Menschen fest, der ihnen keine Zeit zum Nachdenken lässt, eine seltsame Teilnahmslosigkeit, ja, »Gleichgültigkeit, mit der sich die Deutschen durch die Trümmer bewegen«. Sie rechneten ihre Leiden gegen die anderer Völker auf und fänden die Bilanz ausgeglichen. Sie machten sich nicht klar, dass durch die Verbrechen der Nationalsozialisten das moralische Gefüge der westlichen Welt zerstört worden sei, schöben die Schuld auf die Besatzungsmächte und entzögen sich der Verantwortung: »Der Durchschnittsdeutsche sucht die Ursachen des letzten Krieges nicht in den Taten des Naziregimes, sondern in den Ereignissen, die zur Vertreibung von Adam und Eva aus dem Paradies geführt haben.« – Ein hartes, alttestamentarisches Urteil. Besser nachvollziehbar, wenn man sich den Lebensweg der Emigrantin vergegenwärtigt, die Kränkungen, denen sie als Jüdin ausgesetzt war, ihre Angst vor der Wiederkehr eines totalitären Regimes.

Deutsch-jüdische Wurzeln

Seit 1951 ist Hannah Arendt amerikanische Staatsbürgerin, sie könnte den Albtraum Deutschland hinter sich lassen, aber sie kommt von der Vergangenheit nicht los, und es sind nicht nur politikwissenschaftliche Fragen, die sie umtreiben, sondern auch emotionale Beweggründe. 15 Jahre nach ihrem ersten Wiedersehen mit Deutschland gibt sie für eine Sendung im Südwesfunk ihrem damaligen Gesprächspartner Joachim Fest einen erstaunlich offenen Einblick in ihren »kleinen Eckladen des Denkens«. Das Gespräch wird später in ihrer New Yorker Wohnung fortgesetzt. Sie sei sich durchaus bewusst, wie tief und unverbesserlich deutsch sie sei, sagt sie: »In meiner Art zu denken und zu urteilen komme ich noch immer aus Königsberg.« Amerikanerin sei sie nur »von ganzem politischem Herzen«. Diese Verwurzelung im Königsberg Kants prägt sie fürs Leben.

Am 14. Oktober 1906 wird sie in Hannover-Linden geboren und wächst als einziges Kind in einer wohlhabenden, gebildeten Familie in Königsberg auf. Der Vater ist Ingenieur und als Reformjude sozialistisch eingestellt. Er stirbt nach langem, quälendem Leiden an Syphilis, als Hannah sieben Jahre alt ist. Die Mutter legt großen Wert auf die Erziehung und umfassende Bildung der wissbegierigen, frühreifen Tochter, die Privatunterricht in Griechisch erhält und mit 15 Kants *Kritik der reinen Vernunft* liest. Das Mädchengymnasium muss sie verlassen, weil sie Mitschülerinnen zum Boykott eines unbeliebten Lehrers verleitet hat. Sie geht nach Berlin, bringt sich im Selbststudium und mit Privatunterricht das nötige Wissen bei und macht als Externe ein Jahr vor ihren früheren Klassenkameradinnen in Königsberg Abitur. Die Mutter hat wieder geheiratet, einen Witwer mit zwei Töchtern, sodass Hannah kein schlechtes Gewissen hat, von Königsberg wegzugehen und mit dem Studium in Marburg zu beginnen.

Der Studienort ist mit Bedacht gewählt, hier lehren profilierte Geisteswissenschaftler. Die knapp 18-jährige Studentin belegt evangelische Theologie bei Rudolf Bultmann, Philosophie bei Nicolai Hartmann und vor allem bei dem jungen Martin Heidegger, der mit seiner Existenzialphilosophie neue Wege aufzeigt und »der, gerade weil ihm der Faden der Tradition gerissen ist, die Vergangenheit neu entdeckt«. Bei ihm, hofft sie, könne sie »vielleicht das Denken lernen«. Sie sucht seinen Kontakt und ist von seiner ungewohnten Ausdrucksweise und Sprachmächtigkeit so fasziniert, dass sie auf sein Werben ohne Zögern eingeht, als er sich vor ihr auf die Knie wirft. Noch nicht volljährig, wird sie seine Geliebte. Eine Zeit der Heimlichkeiten beginnt, mit ausgeklügelten Treffen in seiner Arbeitswohnung oder ihrer Dachkammer, mit verschlüsselten Botschaften, Lichtsignalen und toten Briefkästen wie in einem Spionageroman. Sie weiß, dass er verheiratet ist und zwei kleine Söhne hat, doch sie hofft, er werde sich ihretwegen von seiner Frau trennen. Er denkt nicht daran. Sie erwägt, Marburg zu verlassen und ihn so vielleicht umzustimmen. Aber er hat dies wohl längst bedacht und schlägt ihr von sich aus einen Wechsel nach Freiburg vor. Anschließend sollte sie, auch das hat er schon im Blick, bei seinem Freund Jaspers in Heidelberg promovieren. Sie ist enttäuscht, dass er so leicht auf sie verzichten kann, doch er ist sich ihrer sicher: Sie wird wiederkommen, wenn er sie bei sich haben möchte.

Sie geht nach Freiburg, später nach Heidelberg zu Jaspers und promoviert bei ihm, wie vorgesehen. Und wenn Heidegger Verlangen nach ihr hat, bricht sie nach Marburg auf, verliebt noch immer, da spielen Worte wie »fremdbestimmt« oder gar »hörig« keine Rolle. Mit ihrem Doktorvater Jaspers, auch mit seiner jüdischen Frau, versteht sie sich gut, ihr imponiert seine Bodennähe, sein Gespür für das Naheliegende. Das Thema ihrer Dissertation ist weniger naheliegend: *Der Liebesbegriff bei Augustin* – erstaunlich für eine Jüdin, die evangelische Theologie studiert und Marx und Trotzki liest. Aber die Eigenwillige lässt sich in kein Schubfach stecken, auch später möchte sie sich nicht einfach unter die Philosophen einreihen lassen und damit ihren Horizont einschränken. In ihrem Denken und selbst in ihrem sprachlichen Duktus hat sie sich von Heidegger zweifellos beeinflussen lassen, das stellt auch Jaspers fest. Ihrem Gesprächspartner Joachim Fest macht sie klar, warum Heidegger noch immer im Zentrum ihres Denkens steht: Er habe sie »die Welt sehen und begreifen gelehrt« und ihr das Empfinden verschafft, er führe sie zu sich selbst. »Heidegger hat mich in jedem Sinne zum Leben erweckt!«, sagt sie und schildert ihre anfängliche »Schulmädchenbefangenheit« dem großen Meister gegenüber, der doppelt so alt ist wie sie. Sie bewundert seine Erkenntnisschärfe und seine sie verzaubernde Poesie – ein Mensch, der Verstand und Gefühl auf einen Nenner zu bringen vermag. »Wie und was ich bin, geht auf Heidegger zurück, ihm verdanke ich alles!«, sagt sie und fügt nach einer Pause hinzu: »Zugleich hat er alles verdorben.« Sie äußert sich nicht weiter, ob damit Heideggers Nazi-Verstrickungen gemeint sind, sein Beitritt zur NSDAP 1933 und seine parteitreue Haltung als Rektor der Universität Freiburg.

Paria wie Rahel Varnhagen

Über Kurt Blumenfeld, den Präsidenten der deutschen Zionistischen Vereinigung, erhält die bislang weder religiös noch politisch Engagierte Zugang zum Zionismus, und ihr sozialistischer Freund Günther Stern weckt ihr politisches Interesse. Sie lebt mit ihm unverheiratet zusammen – gesetzlich verboten und moralisch verpönt – in Frankfurt, schreibt für die *Frankfurter Zeitung* und hört Vorlesungen beim Theologen Paul Tillich und beim Soziologen Karl Mannheim. 1929 zieht sie mit Stern, der sich als Publizist Günther Anders nennt, nach Berlin und heiratet ihn gut bürgerlich. Bis zu ihrer Verhaftung 1933 gilt die Wohnung der beiden als Zufluchtsstätte für verfolgte Kommunisten. Ein Stipendium der »Notgemeinschaft der Deutschen Wissenschaft« ermöglicht es Hannah Arendt, sich ganz ihren Studien zur deutschen Romantik zu widmen. Als Studienobjekt hat sie eine Frau gewählt, in deren Lebensumständen sie sich wiederfindet, sodass ihre Arbeit *Rahel Varnhagen. Lebensgeschichte einer deutschen Jüdin aus der Romantik* teilweise wie eine Autobiografie gelesen werden kann.

Sie beschreibt die Jüdin Rahel Levin nach ihrer gescheiterten Beziehung zum Grafen von Finckenstein als eine Frau, die sich nun in ihr Leben fügt, die aber »keine Heimat in der Welt hat, in die sie sich vor dem Schicksal zurückziehen könnte« und die erst spät in ihrer Ehe mit Karl August Varnhagen von Ense Geborgenheit und Liebe findet. Die Biografin Elisabeth Young-Bruehl ist überzeugt, dass sich Hannah Arendt erst durch dieses Buch, durch diese nachvollzogene Geschichte einer nach Liebe und Anerkennung suchenden Außenseiterin, von Heidegger losschreiben konnte. Das Thema Assimilation oder Außenseitertum zieht sich wie ein roter Faden durch das Buch. Arendt selbst sieht sich, wie Rahel Varnhagen, als Paria, als Außenseiterin in der Gesellschaft. Sie versucht erstmals, das »Judesein« in seiner Tragik existenzphilosophisch zu erfassen.

1933, mit Hitlers Machtergreifung, erfährt sie am eigenen Leibe, dass Paria nicht nur Außenseitertum, sondern Ausgestoßensein bedeutet. Sie gehört nicht zur deutschen Volksgemeinschaft, die Bücher ihrer jüdischen Freunde werden auf Scheiterhaufen geworfen und öffentlich verbrannt. Sie selbst wird, da sie eine Untersuchung über den alltäglichen Antisemitismus in deutschen Zeitschriften durchführt, von der Gestapo verhaftet und eingesperrt. Doch sie hat Glück, beim Verhör kann sie die Beamten mit charmant gespielter Naivität von ihrer Unschuld überzeugen. Nach acht Tagen wird sie vorläufig entlassen und flüchtet sofort nach Frankreich. In Paris trifft sie sich mit ihrem Mann, die Ehe besteht nur noch als Überlebensgemeinschaft und wird einige Jahre später geschieden. Dass

Heidegger und auch ihr Kommilitone und Freund Benno von Wiese freiwillig Mitglieder der NSDAP geworden sind, enttäuscht sie maßlos. Dafür bahnt sich in Paris eine Freundschaft mit Walter Benjamin an, sie lernt Brecht und Arnold Zweig kennen, das kulturelle Leben der Emigranten ist ungemein anregend und aufregend – doch ohne Papiere nach Arbeit zu suchen, ist noch aufregender.

Hannah Arendt hat, sprachgewandt und flexibel, eine Anstellung als Betreuerin jugendlicher Palästina-Auswanderer gefunden. Eine dieser Gruppen begleitet sie selbst nach Palästina. In ihrer freien Zeit arbeitet sie an den Schlusskapiteln ihres Varnhagen-Buches und bezieht nun ihre Erfahrungen als Flüchtling in ihre Schilderungen ein. 1937 wird ihr die deutsche Staatsbürgerschaft aberkannt, sie ist nun gleich zweifach Paria: als Flüchtling und als Staatenlose. Gemildert wird dieses Gefühl der Entwurzelung durch die Begegnung mit dem Philosophiedozenten Heinrich Blücher, einem ehemaligen Spartakuskämpfer, der sich vom Kommunismus losgesagt hat und nun, wie sie, auf der Suche nach einer neuen Verortung ist. Die beiden heiraten 1940, in dem Jahr, in dem deutsche Truppen in Frankreich einmarschieren und den nördlichen Teil des Landes besetzen. Die ausländischen Flüchtlinge werden mit Massentransporten in den nicht besetzten Süden verfrachtet, Hannah Arendt ins berüchtigte Auffanglager Gurs, ihr Mann in ein Lager bei Orléans. Beiden gelingt auf abenteuerlichen Wegen die Flucht über die Pyrenäen nach Spanien und Portugal. In Lissabon erhalten sie schließlich das begehrte amerikanische Visum für die Einschiffung nach New York.

Blick von Manhattan auf Deutschland

Nach ihrer Ankunft in New York stürzt sich Hannah Arendt gleich in die Arbeit: Sie schreibt Kolumnen für die deutsch-jüdische Zeitschrift *Aufbau*, ist später als Cheflektorin für den Schocken Verlag tätig, leitet eine Organisation zur Rettung jüdischen Kulturgutes in Europa und – das Allerwichtigste – arbeitet an dem Werk, das sie später berühmt machen wird: *Elemente und Ursprünge totaler Herrschaft*. Darin erforscht sie die Entstehungsbedingungen von Antisemitismus, den es immer schon gegeben hat, der in neuerer Zeit aber durch die systematische Ausrottung ganzer Volksgruppen gekennzeichnet ist. Ihre Untersuchungen sind höchst aktuell. 1942 erreichen die ersten Berichte über die Massenmorde an Juden im besetzten Polen und in Deutschland die USA und werden von den Emigranten zuerst ungläubig, dann mit Entsetzen wahrgenommen. Alle haben Verwandte oder Freunde in Europa zurückgelassen, über deren Schicksal sie nichts erfahren. Arendt verbindet die Vernichtung der Juden mit der Herrschaft totalitärer Systeme, die allein in der Lage seien, solche systematischen Mordaktionen konsequent durchzuführen. Sie beschränkt ihre Untersuchungen nicht auf den Nationalsozialismus, sondern bezieht auch den Faschismus und vor allem den Stalinismus ein. Das führt zu öffentlichen Diskussionen und bei den Kommunisten zu heftigen Anfeindungen.

In Deutschland erscheint das Buch erst 1955 mit einem neuen Schlusskapitel: *Ideologie und Terror: eine neue Staatsform*. Karl Jaspers hat das Geleitwort geschrieben.

Hier wird dem fundamentalen Werk, außer in Fachkreisen, nicht so viel Aufmerksamkeit geschenkt wie in Amerika, das Thema Konzentrationslager und Massenmord ist noch weitgehend tabuisiert. Zu viele Menschen haben miterlebt, wie jüdische Nachbarn aus ihren Häusern geholt und abtransportiert wurden und niemand nachzufragen wagte, wohin.

Ein anderes, einige Jahre später erschienenes Buch erregt die Gemüter mehr: *Eichmann in Jerusalem. Bericht von der Banalität des Bösen*. Adolf Eichmann, der Organisator des Massenmords an den europäischen Juden, ist für die Deutschen ein Unmensch, auf den sie all ihren Abscheu laden und der – so sehen es amerikanische Psychologen – als verantwortlicher Täter ihre Gewissen entlastet. Eine wohl allzu generalisierende These. Fest steht, dass Eichmanns Verhaftung Tagesgespräch in Deutschland ist. Der israelische Geheimdienst hat den in Argentinien Untergetauchten gekidnappt und in einer Geheimaktion nach Israel gebracht – und damit gegen geltendes Völkerrecht verstoßen. Die in Europa und den USA darob entbrannten Diskussionen, ob in einem solchen Fall der Zweck die Mittel heiligt, sorgen für internationale Aufmerksamkeit beim Prozessbeginn gegen den des Massenmords Beschuldigten. Hannah Arendt fliegt im April 1961 als Berichterstatterin für die renommierte Zeitschrift *New Yorker* nach Jerusalem und verfolgt den sich über Monate hinziehenden Prozess mit größter Aufmerksamkeit. Sie schreibt ihrem Mann, Eichmann wirke in seinem Glaskasten wie ein Gespenst, nur darauf bedacht, die Haltung nicht zu verlieren.

Enttäuschend für die angereisten Journalisten: Nichts von einer brutalen Bestie, nichts von einem hasserfüllten Antisemiten, auf dem Stuhl sitzt in korrekter Haltung ein ganz gewöhnlicher kleiner Buchhalter, blässlich und unscheinbar, dem niemand auch nur einen Mord zugetraut hätte. Arendt spricht denn auch von der »Banalität des Bösen«. Eichmann habe für seine Taten gar keine Motive, »außer einer ganz ungewöhnlichen Beflissenheit, alles zu tun, was seinem Fortkommen dienlich sein könnte« – ein Typ, wie ihn Heinrich Mann im *Untertan* beschrieben hat. Ihre Erkenntnis aus dem Prozess: »Dass eine solche Realitätsferne und Gedankenlosigkeit in einem mehr Unheil anrichten können als alle die dem Menschen innewohnenden bösen Triebe zusammengenommen, das war in der Tat die Lektion, die man in Jerusalem lernen konnte.« Der SS-Obersturmbannführer Eichmann wird im Juni 1962 nach langwierigem Prozess in einem Gefängnis bei Tel Aviv hingerichtet. In Deutschland kommen nach diesem Todesurteil, dem ersten seit den Nürnberger Prozessen, verschleppte Verfahren gegen NS-Verbrechen unter dem Druck der Öffentlichkeit nun schneller zur Verhandlung.

Die Prozessberichte erscheinen in den USA 1963 in Buchform – und lösen in jüdischen Kreisen eine Welle der Empörung aus, nicht so sehr wegen ihrer Charakterisierung Eichmanns als gewöhnlichen, kleinen Streber, sondern wegen ihrer Nachforschungen über die Rolle der Judenräte in den Konzentrationslagern und Gettos. Diese von der Lagerleitung ausgewählten, möglichst kooperativen Juden hatten ziemliche Machtbefugnisse, sie stellten im KZ Theresienstadt sogar die Listen für den Abtransport ihrer Mithäftlinge in den sicheren Tod zusammen. Hannah Arendt schreibt – und betreibt damit »Nestbeschmutzung« – : »Die Rolle der jüdischen Führer bei der Zerstörung ihres eigenen Volkes ist für Juden zweifellos das dunkelste Kapitel in der ganzen dunklen Geschichte.« Solche Äußerungen passen nicht in das Bild von der Opferrolle des jüdischen Volkes, selbst gute Freunde werfen ihr fehlenden Herzenstakt und mangelnde Liebe zum jüdischen Volk vor. Diese Vorwürfe verletzen sie tief, wie aus ihren Briefen an Jaspers und die Freundin Mary McCarthy hervorgeht. Jaspers' Antwort: »Dein Eichmann-Buch lese ich ständig weiter. Es ist großartig für mich.«

Unter Deutschen in Deutschland

Das Eichmann-Buch erscheint 1964 in Deutschland, dem »Land der Täter«, und löst auch hier Diskussionen aus. Besonders scharfe Kritik an dem Werk übt der Historiker Golo Mann, Er findet den konservativen Widerstand im Dritten Reich überhaupt nicht berücksichtigt. Die Kontroverse führt zum Bruch Manns mit seinem Lehrer Jaspers, der Hannah Arendts Sicht verteidigt. Die Autorin, inzwischen begehrte Referentin, reist zu Lesungen und Vorträgen durch die Bundesrepublik. Eines ihrer Vortragsthemen heißt: »Persönliche Verantwortung in der Diktatur«. Noch ist Mitscherlichs Buch *Die Unfähigkeit zu trauern* nicht erschienen, aber das Thema klingt in den Gesprächen immer wieder an. Arendt lehnt eine Kollektivschuld ab mit der Begründung: »Wo alle schuldig sind, da ist es niemand.« Mit Jaspers teilt sie die Angst vor einem Wiederaufleben des Nationalismus in Deutschland und neigt dabei zu Pessimismus. Vor allem alte NSDAP-Mitglieder in der Regierung Adenauer machen sie skeptisch. Dass sie nach dem Mauerbau 1961 Westberlin für verloren hält, hat sich, wie einige ihrer Prognosen, zum Glück nicht bewahrheitet. Ihr kritischer Blick von außen auf die Bundesrepublik erweist sich aber im Allgemeinen als konstruktiv. Ehrungen und Preisverleihungen würdigen diese intensive Beschäftigung mit Deutschland.

Schon 1958 ist sie als korrespondierendes Mitglied in die Deutsche Akademie für Sprache und Dichtung aufgenommen worden. Im selben Jahr hat sie in der Frankfurter Paulskirche bei der Verleihung des Friedenspreises des Deutschen Buchhandels die Laudatio auf den Preisträger Karl Jaspers gehalten. Ein Freundschaftsdienst, dem sie nur zögernd nachgekommen ist. Jaspers ist zu der Zeit durch seine Befürwortung von Adenauers hartem Antikommunismuskurs einerseits und die Ablehnung einer Wiederbewaffnung der Bundeswehr andererseits zwischen die Fronten geraten, und sie möchte sich nicht in politische Grabenkämpfe verwickeln lassen. Aber es gibt noch einen anderen Grund ihres Zögerns: Heidegger. Sie kommt von ihm nicht los, auch wenn sie ihn Jaspers gegenüber der Charakterlosigkeit geziehen hat. Auch wenn sie vom Verstand her weiß, dass »die Liebe ihrem Wesen nach ... weltzerstörend« ist. Heidegger hat ihr und – erstaunlicherweise – auch seiner stets eifersüchtigen Frau beim ersten Wiedersehen nach über zwanzig Jahren gestanden, sie sei die Passion seines Lebens und die Inspiration für sein Werk gewesen. Sie weiß, dass sie ihn mit der Laudatio kränken wird, wenn sie Jaspers als integre Persönlichkeit, als moralisches Vorbild, als weltoffen und Menschen zugewandt lobt, Eigenschaften, die dem Mann aus dem Schwarzwald völlig fehlen.

Die Jaspers-Schülerin geht in ihrer Rede weniger auf das Werk als auf die Person des Geehrten ein, im Zentrum stehen die für ihn wichtigen Worte: Freiheit, Wahrheit, Frieden. Sie fragt zum Schluss, wie wir Deutsche an unserem Ort für den Frieden der Welt wirken können. Ihre Antwort: »Die Voraussetzung des Friedens ist die Mitverantwortung eines jeden durch die Weise seines Lebens in Wahrheit und Freiheit; die Frage des Friedens ist nicht zuerst eine Frage an die Welt, sondern für jeden an sich selbst.« – Da ahnt sie nicht, dass genau 40 Jahre später in dieser Paulskirche um die Dankesrede des Preisträgers Martin Walser ein heftiger Streit entbrennen wird. Er hat in Anlehnung an ihr Buch über Adolf Eichmann *Von der Banalität des Bösen* seiner Rede den Titel *Die Banalität des Guten* gegeben und sich darin gegen die Routine des Schuldbekennens, gegen »die Dauerpräsentation unserer Schande« ausgesprochen, worauf ihm der Vorsitzende des Zentralrats der Juden, Ignatz Bubis, geistige Brandstiftung vorgeworfen hat.

Hannah Arendt selbst hat den Friedenspreis des Deutschen Buchhandels nie bekommen, dafür 1959 den ebenfalls renommierten Lessing-Preis der Stadt Hamburg. Lessing liegt ihr, besonders *Nathan der Weise*. Um diese Gestalt baut sie ihre Dankesrede auf, die zurück in die Antike führt und gleichzeitig Nathans Modernität aufzeigt. *Von der Menschlichkeit in finsteren Zeiten* hat sie ihre Rede in Anlehnung an Brecht genannt, und viele Passagen könnte man auch auf unsere Zeit beziehen, etwa die Aussage, dass viele Menschen von der Politik nur noch verlangten, »dass sie auf ihre Lebensinteressen und Privatfreiheit die gehörige Rücksicht nehme«.

Den Sigmund-Freud-Preis für wissenschaftliche Prosa, den ihr die Deutsche Akademie für Sprache und Dichtung 1967 verleiht, kann sie wegen Krankheit nicht persönlich entgegennehmen. Doch ein gutes Jahr danach reist sie wieder nach Deutschland und in die Schweiz, allerdings aus einem traurigen Anlass, zur Gedenkfeier für Karl Jaspers. Vor einem Jahrzehnt hat sie in der Frankfurter Paulskirche die Laudatio auf ihn gehalten, nun ist es die Abschiedsrede für den mit 86 Jahren verstorbenen Freund. Bei der öffentlichen Veranstaltung am 4. März 1969 in der Universität Basel, seiner letzten Wirkungsstätte, hebt sie das Besondere dieses Philosophen hervor, den sie als würdigen Nachfolger Kants sieht: »Hie und da taucht unter uns einer auf, der das Menschsein exemplarisch verwirklicht hat und etwas, was wir sonst nur als Begriff oder Ideal kennen würden, leibhaftig verkörpert.«

Im Oktober 1970 muss sie wieder Abschied nehmen von einem treuen Gefährten, ihrem Ehemann Heinrich Blücher, der ihr Leben dreißig Jahre lang, seit dem Exil in Paris, verständnisvoll und tolerant begleitet hat. Mit ihm gemeinsam hat sie einige Deutschlandreisen unternommen, auch Erholungsfahrten nach Tegna im Tessin. Er war vor seinem plötzlichen Herzinfarkt-Tod Philosophieprofessor am Bard College im Staat New York, und hier, auf dem Emigranten-Friedhof über dem Hudson, findet er auch seine letzte Ruhestätte. An ihre Freundin Mary McCarthy schreibt Hannah Arendt: »Ich habe Dir, glaube ich, nicht erzählt, dass ich zehn Jahre lang ständig in der Angst gelebt habe, dass genau ein solcher plötzlicher Tod eintreten würde. Oft grenzte diese Furcht an wirkliche Panik. Wo die Furcht und die Panik waren, ist jetzt völlige Leere.« Die Arbeit an ihren Buchprojekten und die Beschäftigung mit den alten Philosophen helfen ihr über diese Leere, diese schwere Sinnkrise hinweg.

Vita activa

Vita activa oder vom tätigen Leben heißt ein schon 1960 abgeschlossenes Buch, dessen Titel auch als Motto über ihr Leben gesetzt werden könnte. Rastlos aktiv war sie zeitlebens, von Neugier und Tatendrang angetrieben, immerzu Fragen stellend an sich und ihre Umwelt: »Die Aufgabe, die mich in Anspruch nimmt, lautet ganz einfach: die Welt und die Menschen zu verstehen.« In *Vita activa* untersucht sie die Bedingungen menschlicher Existenz und geht dabei auf die Tätigkeiten ein, die zur Meisterung des praktischen Lebens notwendig sind: Herstellen, Planen und Handeln. Geglücktes Zusammenleben von Menschen könne nur in Freiheit und in der Respektierung der Freiheit anderer, sowie in der Bereitschaft zum Dialog gelingen. Ihre politischen Analysen sind zum Teil gerade heute wieder aktuell, etwa wenn sie in der Einleitung schreibt: «Was uns bevorsteht, ist die Aussicht auf eine Arbeitsgesellschaft, der die Arbeit ausgegangen ist, also die einzige Tätigkeit, auf die sie sich noch versteht. Was könnte verhängnisvoller sein?«

In ihren Texten schwingt ein Kulturpessimismus mit, den sie bei Adorno und Horkheimer, den Vertretern der »Kritischen Theorie«, mit ironischer Schärfe anprangert. Ihre Scharfzüngigkeit ist berühmt, darin wird sie mit Rosa Luxemburg verglichen, was ihr nicht unlieb ist. Der Schreibfuror der Revolutionärin wird sie beflügelt haben, wenn sie bei ihrem Vorbild Luxemburg liest: »Ich habe das Bedürfnis, so zu schreiben, dass ich auf Menschen wie der Blitz wirke, sie am Schädel packe, selbstredend nicht durch Pathos, sondern durch die Weite der Sicht, die Macht der Überzeugung und die Kraft des Ausdrucks.« Rosa Luxemburg hat für ihr subversives Handeln und Schreiben mit dem Leben bezahlt, während Hannah Arendt ihr »Paria-Dasein« kaum noch zu spüren bekommt in der amerikanischen Gesellschaft. Was sie einst an Jaspers schrieb, trifft auf sie nicht mehr zu: »Bin mehr denn je der Meinung, dass man eine menschenwürdige Existenz nur am Rande der Gesellschaft sich heute ermöglichen kann, wobei man dann eben mit mehr oder weniger Humor riskiert, von ihr entweder gesteinigt oder zum Hungertode verurteilt zu werden.«

Nichts dergleichen hat sie erlebt. Seit 1963 lehrt sie als Professorin an amerikanischen Universitäten, erst an der University of Chicago, dann an der New School for Social Research in New York. Zahlreiche amerikanische Universitäten haben sie zur Ehrendoktorin ernannt. Sie ist Vizepräsidentin des Institute for Arts and Letters und im Vorstand des PEN, ihre Bücher werden – anders als die vieler deutscher Emigranten – verlegt. Finanziell ist sie abgesichert, auch durch eine erhebliche Summe aus dem deutschen Wiedergutmachungsfonds für geschädigte Emigranten. Nur die Gesundheit macht ihr zu schaffen. 1974 wird sie mitten in einer Vorlesung an der schottischen Universität von Aberdeen von einem ersten Herzinfarkt überrascht, von dem sie sich wieder erholt und danach umso intensiver weiterarbeitet.

In ihrem Buch *Vita activa* hat sie das geistige Leben weitgehend ausgespart, es soll nun durch einen weiteren Band, *Vom Leben des Geistes,* einer *Vita contemplativa,* ergänzt werden. An Heidegger, der für sie trotz aller Verstimmungen und Enttäuschungen, immer noch oberste Denkinstanz ist, schreibt sie: »Es ist immerhin möglich, dass mir ein Buch, das ich unter den Händen habe – eine Art zweiter Band *Vita activa* –, doch noch gelingt. Über die nicht-tätigen menschlichen Tätigkeiten: Denken, Wollen, Urteilen. Ich habe keine Ahnung, ob es wird und vor allem, wann ich damit fertig sein werde. Vielleicht niemals. Sollte es aber gehen – darf ich es Dir widmen?« Heidegger antwortet umgehend: »Dein zweiter Band *Vita activa* wird so wichtig wie schwierig sein ... Wir müssen uns abmühen, wenigstens dem Unzureichenden zu genügen. Du weißt, dass ich mich über Deine Widmung freuen werde.«

1975, in ihrem Todesjahr, verbringt die gesundheitlich Angeschlagene zum letzten Mal mehrere Monate in Deutschland und in der Schweiz, zur Erholung im Tessiner Tegna und zu Recherchen im Marbacher Literaturarchiv.

Und – vielleicht der wichtigste Grund – zu einem Gespräch mit Heidegger. Auf gleicher Augenhöhe, nicht von unten aufschauend, wie sie es Jaspers einmal geschildert hat: »Ich habe ihm gegenüber ein Leben lang geschwindelt, immer so getan, ... als ob ich sozusagen nicht bis drei zählen kann, es sei denn in der Interpretation seiner eigenen Sachen; da war es ihm immer sehr willkommen, wenn sich herausstellte, dass ich bis drei und manchmal sogar bis vier zählen konnte.«

Neben ihrer Arbeit am Band *Vom Leben des Geistes*, der, unvollendet, ihr philosophisches Vermächtnis sein wird, vertieft sie sich wieder, wie in ihrer frühen Zeit, in das Werk Kants: »Ich lese mit außergewöhnlichem Vergnügen den guten alten Kant und beschäftige mich sonst mit niemandem. Das macht mich glücklich.« Am Abend des 4. Dezember 1975 hat sie Freunde zum Essen in ihre Wohnung eingeladen. Beim Kaffee, während die Freunde den Ausblick auf Manhattan genießen, sinkt sie plötzlich im Stuhl zusammen: zweiter Herzinfarkt. Diesmal tödlich. Mit 69 Jahren. Sie hat sich nie geschont, so vieles wollte sie noch vollenden, so vieles ist Fragment geblieben. Sie wird neben ihrem Mann auf dem Gelände des Bard College, inmitten von Grabstätten anderer deutscher Emigranten, bestattet.

Einen geordneten Nachlass hat sie nicht hinterlassen, so wenig wie eine Lehre oder ein festes Denksystem. »Denken ohne Geländer« wollte sie, ohne zu bedenken, dass für viele Menschen ein Geländer hilfreich sein kann, es muss ja nicht gleich eine Weltanschauung sein. Die Verwalterin ihres Nachlasses, die Freundin Mary McCarthy, sah sich Bergen von Manuskripten, Recherchematerial und persönlichen Erinnerungsstücken gegenüber. In der Washingtoner Library of Congress fand vieles erst einmal Aufnahme. 1999 wurde an der Universität Oldenburg ein Hannah Arendt-Zentrum gegründet. Dort liegen nun im Archiv umfangreiche Teile ihres Nachlasses, die es ermöglichen, eine kritische Edition ihres Werkes herauszugeben. Zu den nachgelassenen Schriften gehört auch das in deutscher Sprache geschriebene *Denktagebuch*. Hannah Arendts politischen Mut soll ein Preis würdigen, der für »mutige Interventionen in der Öffentlichkeit« jährlich vergeben wird. Die Leiterin des Zentrums, Antonia Grunenberg, sieht die Bedeutung Hannah Arendts unter anderem in ihrer Fähigkeit des Denkens ohne Geländer: »ein politisches Denken, das sich gegenüber der Erwartung, man könne die moderne Welt in ein geschlossenes wissenschaftliches System fassen, verschließt.«

Für das Deutschland der Nachkriegszeit, das noch nicht zu einer eigenen Identität gefunden hatte, bedeuteten Arendts Gedanken eine Öffnung verkrusteter Wunden, schmerzhaft, aber notwendig. Ihr Anmahnen einer Aufarbeitung des Holocaust brachte ihr mancherlei Anfeindungen ein. Es ist vielleicht kein Zufall, dass ihr in Deutschland keine einzige Universität die Ehrendoktorwürde verliehen hat, während in Amerika sich die Ehrendoktorhüte häuften – obwohl sie auch die amerikanische Regierung nicht mit ihren scharfen Kommentaren gegen den Vietnamkrieg und die Unterdrückung der Bürgerrechtsbewegung verschonte. Mit ihren bohrenden Fragen und ihrer Kritik an festgefahrenen Strukturen in deutschen

Ämtern und Universitäten mahnte sie überfällige Reformen an, lange bevor die 68er-Studenten gegen den »Mief von tausend Jahren unter den Talaren« protestierten. Politisch ließ sie sich nicht festlegen, den einen war sie zu links, den andern zu rechts, und die dritten mochten sich von keiner Jüdin oder keiner Frau etwas sagen lassen. Zivilcourage hatte sie allemal, die konnte ihr niemand absprechen, auch nicht ihre Gedankenschärfe und ihren kritischen Intellekt.

In seiner Trauerrede ließ der Philosoph Hans Jonas, alter Freund aus Pariser Exiltagen, noch eine andere, weniger bekannte Seite ihres Wesens aufleuchten, eine menschlich anrührende. Er sagte: »Die Welt ist kälter geworden ohne deine Wärme.«

Heimat in der deutschen Sprache

HILDE DOMIN
(1909–2006)

> »›Ich richtete mir ein Zimmer ein in der Luft / unter den Akrobaten und Vögeln.‹ Von wo ich unvertreibbar bin. Das Wort aber war das deutsche Wort. Deswegen fuhr ich wieder zurück über das Meer, dahin, wo das Wort lebt.«
> HILDE DOMIN

Sie ist zurückgekehrt nach 22 Jahren Exil in das Land, in dem sie, die Jüdin, einst unerwünscht war. Sie ist zurückgekehrt in die Sprache, ihre Muttersprache, die ihr die vertrauteste und verlässlichste blieb, auch wenn sie die Sprachen ihrer Exilländer vollkommen beherrschte. Und sie ist zurückgekehrt in das Land ihrer unbeschwerten Kindheit, das ihr Freiräume und Entfaltung bot, bevor die braunen Machthaber Konformität einforderten.

Auf ein »neues Deutschland« der Nachkriegszeit setzt Hilde Domin alle Hoffnung bei ihrer ersten Rückkehr in die Vaterstadt Köln im Jahre 1954: »Die Freude, frei sagen zu können, was ich will, wie ich es will, frei zu atmen ... das ist eine der Hauptfreuden beim Wieder-Zuhause-Sein.«

Doch in die Freude mischen sich Alltagserfahrungen, die sie verunsichern. Nicht die Tatsache, dass niemand

Nazi gewesen sein wollte, habe sie am meisten schockiert, sagt sie in einem Interview, sondern das Gespräch mit einem Journalisten in einem ihr aus Kindertagen vertrauten Café am Kölner Dom. Seine selbstgewisse Forderung: »Wir wollen alles wieder haben wie früher – und mehr« ist ihr unter die Haut gegangen. Später sind es die wüsten Wandschmierereien an Hausfassaden, »Juden raus«, obwohl es kaum wieder Juden gab in Deutschland. Die Aufmärsche der Neonazis. Die Schändung jüdischer Friedhöfe. Die Brandanschläge auf Synagogen ...

Trotz dieser Negativbilanz traut die Heimkehrerin den Deutschen insgesamt Einsicht und Wandlungsfähigkeit zu, und die Bundesrepublik hält sie für den »gutartigsten Staat, den es seit Hermann dem Cherusker auf diesem Territorium gegeben hat« – eine Ansicht, die sie wahrscheinlich in späteren Jahren nicht mehr so euphorisch formuliert hätte. Doch sie trägt sich nie mit dem Gedanken, Deutschland wieder zu verlassen. Die deutsche Sprache ist für sie »das Unverlierbare, nachdem alles andere sich als verlierbar erwiesen hatte. Das letzte, unabnehmbare Zuhause.«

Aber die Hoffnung heißt ein autobiografischer Band, den sie 1982 veröffentlicht hat. Da war sie 73, hatte Flucht, Exil und einen schwierigen Neubeginn in Deutschland hinter sich und trotzdem den Glauben an die Menschen und die Hoffnung auf eine friedvollere Zukunft nicht verloren. Eine Optimistin mit Visionen, aber auch eine Realistin mit klarer Einschätzung des Machbaren und Möglichen. Nicht die Welt verändern will sie, sondern bloß eine »Mindest-Utopie« verwirklicht sehen: »... wenn alle es heute mit Kafka halten, der sagt, seine Taube sei heimgekehrt und habe nichts Grünes gefunden, so sehen meine Gedichte mit aufgerissenen Augen, wie abgefressen alle Wiesen sind, wie leer die Äste. Wie es überall hohl ist. Und vor Schrecken fliegen sie dann so weit und so hoch, dass sie irgendwo doch noch ein – schon ganz durchsichtiges – Blau oder Grün erwischen.«

Politische Wachsamkeit, Verantwortungsbereitschaft und mehr Zivilcourage fordert sie von den Deutschen:

> *»Ich will einen Streifen Papier*
> *so groß wie ich*
> *ein Meter sechzig*
> *darauf ein Gedicht*
> *das schreit*
> *sowie einer vorübergeht*
> *schreit in schwarzen Buchstaben*
> *das etwas Unmögliches verlangt*
> *Zivilcourage zum Beispiel ...«*

Als politischer Mensch und kritische Staatsbürgerin, langjähriges Mitglied der SPD, vertritt sie ihre Meinung auch in der Öffentlichkeit, nie jedoch lässt sie in ihre Gedichte kurzlebige Tagespolitik einfließen wie etwa Günter Grass oder Erich Fried. Sie überzeugt mit leiser, aber sicherer Stimme die Menschen von ihrem Glauben an Deutschland, an ein besseres Deutschland. Wenn die Kritikerin Christina Weiss in den Dominschen Gedichten »eine – liebevoll altmodische – lyrische Intonation subjektiver Gefühle« sieht, verkennt sie die durchaus zeitnahe und gleichzeitig überzeitliche Aussagekraft dieser Lyrik, die sich nie in Schilderungen persönlicher Befindlichkeiten verliert. Unter den Exildichterinnen ist Hilde Domin wohl die nüchternste, objektivste. Sie hat nicht das Hymnische einer Nelly Sachs, nicht das Ekstatische einer Else Lasker-Schüler, nicht das Naturverschwisterte einer Gertrud Kolmar und auch nicht die im Ostjüdisch-Chassidischen wurzelnden Chiffren einer Rose Ausländer. Ihre Bilder sind schmucklos, präzis, nachvollziehbar, ihre Botschaften verständlich, an Einsicht und Gemeinsinn appellierend.

Seit dem 22. Februar 2006 fehlt uns diese mutige und Mut machende Stimme. Im Alter von 96 Jahren ist Hilde Domin in Heidelberg, ihrem letzten Wohnsitz, an den Folgen eines Sturzes gestorben. Ihr Werk lebt weiter. Vor allem ihre Lyrik. Einige schmale Bände nur, schnörkellose Konzentrate aus einer über Jahrzehnte gespeicherten Gedankenfülle. Während in den Versen anderer Exildichter oft Verbitterung oder Resignation mitschwingen, hat Hilde Domin sich ihre Zuversicht auch in schweren Zeiten bewahrt: »Ich bin ein Mensch des Dennoch«, charakterisiert sie sich, und führt diesen Grundoptimismus auf die frühe Erfahrung von Geborgenheit in ihrem Elternhaus zurück.

URVERTRAUEN

Die am 27. Juli 1909 geborene Hilde Löwenstein – die Angabe ihres Geburtsjahres mit 1912 hat sie später korrigiert – hat als Kind noch das Kaiserreich und den Ersten

Weltkrieg erlebt, doch an diese Zeit knüpfen sich erstaunlicherweise keine schlimmen Erinnerungen: keine Hungersnot, kein Steckrübenwinter, keine Verwundetentransporte und Frontberichte – ein Stück heile Welt mitten in der Großstadt Köln. Der Vater hat zwar irgendwo im Kleiderschrank ein Eisernes Kreuz liegen, aber über den Krieg wird nie gesprochen. Die fürsorgliche Mutter begleitet die Tochter auf dem Schulweg durch die Innenstadt, ist immer da, aber drängt sich nicht auf, lässt dem »Enfant terrible« alle Freiheiten und duldet selbst Kaninchen und eine Taube im Kinderzimmer.

Wichtiger jedoch als die mütterliche Umsicht ist für die wissbegierige Tochter das Vertrauensverhältnis zum Vater. »Mein Vater warf keinen dunklen Schatten«, schreibt sie in ihren autobiografischen Aufzeichnungen *Von der Natur nicht vorgesehen*. Er nimmt sie als Gesprächspartnerin ernst, bespricht mit ihr auf dem Heimweg von seiner Rechtsanwaltskanzlei besonders knifflige Fälle und bringt ihr sonntags im Museum seine Lieblingsbilder nahe. Er zwingt sie zu nichts, sie bestimmt alles selbst – in seinem Sinne: »Ich durfte wegfahren nach Heidelberg, zum Studium, und ich durfte studieren, was ich wollte. Jura, wie mein Vater, natürlich.« Doch sie empfindet dieses Studium schon bald als trocken und weltfern, und der Vater hat Verständnis für ihren Wechsel zu Wissenschaften, denen sie eine Veränderung der Welt eher zutraut: Volkswirtschaft, Philosophie und Soziologie.

Der Vater ist ein begeisterter Anhänger der Weimarer Republik. Er nimmt, wie viele jüdische Bürger, die im Ersten Weltkrieg für Deutschland gekämpft haben, die heraufziehende Gefahr des Nationalsozialismus nicht wahr – oder will sie nicht wahrhaben. Die politisch wache, sensible Tochter ahnt nach der Lektüre von Hitlers *Mein Kampf* früh, was auf Deutschland und die deutschen Juden zukommt und beschwört die Eltern, nach England zu emigrieren, bevor es zu spät ist. Ihre berühmten Lehrer Karl Jaspers und Karl Mannheim halten ihre Befürchtungen zu der Zeit noch für überängstliche Kassandrarufe.

Sie lässt sich nicht beirren und setzt sich schon 1932, als die meisten Juden sich in Deutschland noch nicht gefährdet fühlen, gemeinsam mit ihrem späteren Mann, dem Archäologen und Kunsthistoriker Erwin Walter Palm, ins Ausland ab. Zunächst in die Schweiz, doch als Kenner der italienischen Kultur- und Kunstgeschichte zieht es den Gefährten weiter nach Italien. Ihr selbst gelingt es, ihr unterbrochenes Studium in Florenz fortzusetzen und sie promoviert dort – in italienischer Sprache – über die Staatstheorie der Renaissance. In Rom arbeitet sie danach als Sprachlehrerin und verdient so – inzwischen verheiratet – den Lebensunterhalt auch für ihren Mann.

Vom Faschismus fühlen sich die beiden nicht eingeengt, niemand behindert ihre Arbeit. Das ändert sich mit dem Bündnispakt zwischen Hitler und Mussolini. Nach Hitlers Rombesuch im Mai 1938 werden deutsche Juden verhaftet und, falls sie kein Visum eines anderen Staates bekommen, an die Nazis ausgeliefert. Die Palms fliehen nach Sizilien und bemühen sich um ein englisches Visum. Die Eltern im englischen Exil setzen alles daran, ihnen das begehrte und nur höchst selten erteilte Visum zu beschaffen.

Es gelingt mithilfe englischer Verwandter und Hilde Palm kann sogar an einem College unterrichten – diesmal in englischer Sprache. Sie habe sich immer Gedichte lesend in eine neue Sprache eingearbeitet, sagt sie. Shelley und Shakespeare liebt sie besonders.

Doch auch England kann den anpassungswilligen Nomaden keine sichere Bleibe bieten, die Bedrohung rückt näher: Hitler ante portas. Ärzte verschreiben den deutschen Flüchtlingen Veronal, damit sie, um dem Tod im KZ zu entgehen, ihrem Leben selbst ein Ende setzen können. – Für die Palms keine Lösung. Sie wollen leben, in Freiheit arbeiten. Wieder gehen Bittschreiben um ein Visum in alle Welt. Die Überfahrt nach Amerika, gemeinsam mit Stefan Zweig, auf dem untersten Deck eines Flüchtlingsschiffes, ist ein weiterer Versuch, irgendwo Fuß zu fassen. Doch die Vereinigten Staaten gewähren kein Dauerasyl. In Guatemala sind nur Ingenieure und Techniker gefragt, keine Geisteswissenschaftler. In Chile, Argentinien und Brasilien, auch in Kanada kostet ein Visum mehrere Tausend Dollar, unerschwinglich für arbeitslose Intellektuelle. Das Gedicht *Graue Zeiten* erinnert an diese vergebliche Heimatsuche:

> »*Menschen wie wir unter ihnen*
> *fuhren auf Schiffen hin und her*
> *und konnten nirgends landen*
>
> *Menschen wie wir unter ihnen*
> *durften nicht bleiben*
> *und konnten nicht gehen*

*Menschen wie wir unter ihnen
standen an fremden Küsten
um Verzeihung bittend dass es uns gab«*

Ein Visum der Dominikanischen Republik ist die Rettung. Doch der Staat, regiert vom Diktator Rafael Trujillo, ist alles andere als eine Republik; europäische Emigranten werden nicht aus Menschenfreundlichkeit aufgenommen, sondern um die Bevölkerung »aufzuweißen«. Jede politische Betätigung ist ihnen untersagt, Regimekritik wird hart bestraft. Erwin Walter Palm hat jedoch, wie schon in Italien, als Kunsthistoriker die Möglichkeit, in die Vergangenheit auszuweichen. Er macht sich um den Denkmalschutz verdient, seine Frau, die schneller Spanisch lernt als er, übersetzt und tippt seine Manuskripte und entwickelt die dazugehörigen Fotos im Badezimmer. Ihr Haus »am Rande der Welt, wo der Pfeffer wächst«, ist äußerst bescheiden und zwingt zu ständigem Improvisieren. Gekocht wird – wenn überhaupt – auf offenem Holzfeuer, Wassereimer schleppen gehört zu den täglichen Aufgaben wie der Kampf gegen die Tücken der Tropen: Schlangen, Termiten, Ratten, die Angst vor Zyklonen und Erdbeben. Die hohe Luftfeuchtigkeit setzt nicht nur den Büchern zu, den wertvollen am meisten, sondern auch den Menschen. Arbeiten auf der Terrasse oder in den tagsüber verdunkelten Räumen ist erst nach Sonnenuntergang möglich, dann aber fällt nicht selten der Strom aus. Ein mühsames, aber nicht unglückliches Leben.

Als Erwin Walter Palm mit noch sehr unvollkommenen Spanischkenntnissen Vorlesungen an der Universität der

Hauptstadt Santo Domingo übernimmt, korrigiert die Ehefrau und Sekretärin gemeinsam mit einer Spanierin seine Texte. So entwickelt die Sprachbegabte rasch ein Gespür für die Nuancen des Spanischen. Sie schult ihr Sprachgefühl an moderner Lyrik und bewundert die elegante Leichtigkeit der Verse, die trotzdem Tiefgang haben.

Nach dem Krieg erhält auch sie eine Dozentur für Deutsch an der Universität in Santo Domingo. Durch die Studenten, meist Professoren, bekommt sie Kontakt zur einheimischen Bevölkerung, sie wird in den Häusern gastfreundlich aufgenommen – und bleibt doch eine Fremde: »Wir sind Fremde / von Insel / zu Insel«. Eine Heimatlose: »Gewöhn dich nicht. / Du darfst dich nicht gewöhnen. / Eine Rose ist eine Rose. / Aber ein Heim / ist kein Heim.«

Durch den Tod der fernen Mutter, der sie wie ein Schock trifft, wird ihr die Heimatlosigkeit noch stärker bewusst. Dieser Tod markiert eine Zäsur in ihrem Leben. Und einen Neuanfang. Sie beginnt zu schreiben. Mit 42 entsteht – für sie selbst überraschend – ihr erstes Gedicht: »es passierte, wie wenn einer überfahren wird.«

Bei ihrem Mann findet sie kein Verständnis für ihren »Seitensprung«, er traut ihr keine poetische Ader zu. Sie legt sich ihre eigene Begründung zurecht: »Wenn der Mensch sehr bedrückt ist, kann ihm Lyrik helfen … Der Mensch kann sich durch das Schreiben von Gedichten befreien.« Diese Befreiung empfindet sie als Gnade. Sie, die Unbehauste, hat in der Fremde die Sprache, die deutsche Sprache, als ihre Heimat entdeckt.

Mit dem Schreiben tritt sie in ihr zweites Leben ein – nicht mehr als Hilde Palm, geborene Löwenstein, sondern als Hilde Domin. Das Pseudonym hat sie in Erinnerung an ihr langjähriges Exil in Santo Domingo gewählt.

»Ich, H. D., bin erstaunlich jung. Ich kam erst 1951 auf die Welt ... Es war nicht in Deutschland, obwohl Deutsch meine Muttersprache ist. Es wurde spanisch gesprochen, und der Garten vor dem Haus stand voller Kokospalmen ... Meine Mutter war wenige Wochen zuvor gestorben.« So leitet Hilde Domin ihren zweiten, etwas verwirrenden (Fast-)Lebenslauf ein, in dem sie noch einmal ihrer Kindheit nachgeht und ihren Wanderjahren von Land zu Land, von Sprachgebiet zu Sprachgebiet. Sie fühlt sich dabei immer jünger, auch körperlich: »Früher war ich rundlich und prall, jetzt bin ich grazil.« Zur Generation eines Peter Rühmkorf rechnet sie sich nun. Kühn und selbstbewusst.

Bei ihrer ersten Deutschlandreise im Frühjahr 1954, eingeladen vom Deutschen Akademischen Austauschdienst, tritt sie erstmals als eigenständige Lyrikerin auf. Ihre ersten Gedichte werden in *Hochland* und anderen deutschen Zeitschriften gedruckt.

Gemeinsam mit ihrem Mann besucht sie deutsche Städte, die sie von früher kennt: Hamburg, Berlin, Frankfurt. Sie will sich wieder in den ihr fremd gewordenen deutschen Alltag hineinfinden. In ihrer Heimatstadt Köln nimmt sie die Veränderungen durch Krieg und Nachkriegszeit am stärksten wahr, ein Heimatgefühl kommt nicht auf. Am längsten und intensivsten erlebt sie München, hier fühlt sie sich »ein wenig mehr als an anderen Stätten« zu Hause. Die Rückkehr nach Santo Domingo ist Rückkehr an einen vertrauten Ort, der aber nie zur Heimat werden kann. Eine Rückkehr auf Zeit.

1957 reist sie zum zweiten Mal nach Deutschland, auf Einladung des S. Fischer Verlages, der die noch weitgehend unbekannte Lyrikerin in Zukunft betreuen wird. Sie hat noch keine Erfahrung mit Verlegern und Lektoren und wundert sich, dass man zwei Stunden lang über eines ihrer Gedichte diskutiert, das in der *Neuen Rundschau* erscheinen soll – für so gewichtig hält sie ihre Verse gar nicht, obgleich sie im Verlag offenbar schon hoch gehandelt wird. Amüsiert erinnert sie sich an einen Empfang im Hause Fischer. An der Tür lässt man die Frau Dr. Palm warten, weil gerade Frau Domin erwartet wird …

Erst zwei Jahre später, 1959, erscheint bei S. Fischer ihr erster Gedichtband. Mit dem symbolträchtigen Titel *Nur eine Rose als Stütze* wird er zu einem für Lyrik seltenen Verkaufserfolg. Das Eingangsgedicht beginnt mit den oft zitierten Versen: »Man muss weggehen können / und doch sein wie ein Baum: / als bliebe die Wurzel im Boden, / als zöge die Landschaft und wir ständen fest.«

Exilerfahrung, die Sehnsucht nach einer dauerhaften Verortung ist ihr großes Thema: »Lass uns landeinwärts gehn, / wo die kleinen Kräuter die Erde verankern. / Ich will einen festen Boden, / grün, aus Wurzeln geknotet / wie eine Matte …«. Der Weg dahin ist dornenreich: »Meine Hand / greift nach einem Halt und findet / nur eine Rose als Stütze.« Die Rose, mutmaßt Walter Jens, der den Band ausführlich rezensiert, sei eine Metapher für die deutsche Sprache. Die Muttersprache, die Hilde Domin so lange vermisst hat und die sie nun auf ihre Tragfähigkeit abklopft.

Dieser erste Lyrikband, in allen namhaften Feuilletons besprochen, hätte ihr die Tür zur »Gruppe 47« öffnen können, doch sie verkennt die Bedeutung und Macht dieses richtungweisenden »Literaturkartells« (Klaus Mampel) und schlägt eine Einladung aus – was sie später bereuen wird.

Besonders wichtig ist ihr während der Exiljahre in der Dominikanischen Republik der Gedankenaustausch mit der ebenfalls jüdischen Lyrikerin Nelly Sachs gewesen, die sich vor dem Zugriff der Gestapo in letzter Minute nach Schweden retten konnte. Vieles verbindet die beiden Dichterinnen: die Erfahrung einer behüteten, glücklichen Kindheit, später der Einbruch der Nationalsozialisten in ihre geordnete Welt, die ständige Angst vor einer Verhaftung und schließlich das bescheidene, als Provisorium empfundene Leben in der Emigration. In der Verarbeitung dieser Erfahrungen unterscheiden sich die beiden allerdings.

Während die Nobelpreisträgerin Sachs aus den mythischen und mystischen Quellen des Judentums schöpft, ist für die aus einem liberalen, assimilierten Elternhaus stammende Domin das Judentum keine innerlich bejahte Glaubensgemeinschaft, sondern eine durch Geburt vorgegebene Schicksalsgemeinschaft. Sie beneidet die in der chassidischen Tradition verankerte Briefpartnerin: »Du Glückliche, du glaubst.« Ihre Gedichte sind denn auch diesseitiger, weniger vom Alltag abgehoben als die immer mit dem Tod verschwisterten Verse von Nelly Sachs. Doch auch Domin blendet Vergänglichkeit und Tod nicht aus:

> »*Sieh die Wolken ziehn.*
> *Sei bescheiden, halte nichts fest.*
> *Sie lösen sich auf.*

Auch du bist sehr leicht.
Auch du wirst nicht dauern.
Es lohnt sich nicht Angst zu haben ...«

Nein, Angst hat sie nicht, sie setzt auf Hoffnung, setzt gegen die *Wohnungen des Todes* von Nelly Sachs ihre »Wohnungen des Lebens«.

Während eines längeren Spanienaufenthaltes arbeitet sie an ihrem einzigen, weitgehend autobiografischen Roman *Das zweite Paradies*. Sie verarbeitet darin in einer Mischung aus Wiedersehensfreude und Skepsis ihre Begegnung mit dem Deutschland der Nachkriegszeit. Das hinter ihr liegende Exil ist für sie die prägende Grunderfahrung: »Wir alle sind auf dieser Erde nicht abgesichert. Das Erlebnis der Vertreibung aus dem Paradies und die dauernde Suche nach einem zweiten Paradies ist die allgemeine Conditio Humana, von Adam und Eva bis zu uns.«

Der Roman findet kein so positives Echo wie ihre Gedichte. Epische Breite ist nicht ihre Stärke, ihr liegen die verknappten, im Gedicht auf den Punkt gebrachten Formulierungen mehr.

Rückkehr nach Heidelberg

1961 kehrt Hilde Domin endgültig nach Deutschland zurück, ein halbes Jahr nach ihrem Mann, der schon zum Wintersemester 1960 auf einen Lehrstuhl an der Universität Heidelberg berufen wurde. Diese Rückkehr, schreibt sie, nicht die Verfolgung, sei das große Erlebnis ihres Lebens. Sie möchte eine »Botin der Versöhnung, nicht des Hasses« sein. Sie registriert einen latenten Antisemitismus in Deutschland, der in den Schmierereien und Hetzparolen der Neonazis offen zutage tritt, unterschwellig aber bis in bürgerliche Kreise reicht. Relikte der NS-Ideologie? Angst vor unliebsamer Konkurrenz und geistiger Überlegenheit? Unverständlich für Hilde Domin, da Juden in Deutschland eine verschwindende Minderheit sind und auch die Zahl der zurückgekehrten Emigranten sich in Grenzen hält. Die Neubelebung und Erstarkung der jüdischen Gemeinden erfolgt erst später durch den Zuzug der Ostjuden.

Mit ihrer Rückkehr nach Deutschland setzt Hilde Domin ein Zeichen der Zuversicht, wie dies auch die Münchner Schriftstellerin Grete Weil getan hat. Das Lebensmotto der beiden bleibt, trotz schockierender Erfahrungen, das »Dennoch«, die Hoffnung, die in Domins *Liedern zur Ermutigung* anklingt: »Aber wieder steigt / aus unseren leeren / hilflosen Händen / die Taube auf«. Eine Friedenstaube. Wird sie je mit dem Ölzweig im Schnabel zurückkehren?

Von Heidelberg, ihrem neuen, alten Wohnsitz aus, unternimmt Hilde Domin Lesereisen quer durch die Bundesrepublik. Es ist ihr wichtig, mit den Menschen in Kontakt zu kommen, mit ihnen über die beharrlich verschwiegene und verdrängte deutsche Vergangenheit zu reden und Tabus aufzubrechen. Wer könnte das überzeugender tun als eine Ausgestoßene aus der arischen Volksgemeinschaft? Sie weiß, dass sie eine der letzten Zeitzeuginnen des nationalsozialistischen Rassenwahns ist: »Es kommen keine nach uns, / die es erzählen werden ...«, und es ist ihr ein Anliegen, ihre Erfahrung vor allem an junge Menschen weiterzugeben.

Sie liest in Buchhandlungen und Kulturzentren, in Schulen und Universitäten, auch in Gefängnissen, überall, wo sie Menschen erreichen kann. Besonders gern diskutiert sie mit Oberschülern, die unbelastet und neugierig Fragen stellen. Ihr Leben im exotischen Exil interessiert die Jungen, ihre Beweggründe zur Rückkehr, auch ihre Meinung zur Tagespolitik. Sie antwortet bereitwillig und ehrlich und versucht dabei auch, den in Lyrik Ungeübten Gedichte als »magische Gebrauchsartikel« nahezubringen. Ihre poetische Orientierungshilfe soll junge Menschen zu kritischem Denken und eigenverantwortlichem Handeln anregen.

Im Wintersemester 1987/88 hält sie die viel beachteten Frankfurter Poetikvorlesungen. Im überfüllten Hörsaal sitzen nicht nur Studenten, auch ältere Semester wollen sich von ihr die Poesie und die Welt erklären lassen. Sie eröffnet die Reihe mit einer spannenden Einführung in die noch wenig wahrgenommene deutsche Nachkriegslyrik und stellt sich mutig der Behauptung Adornos, dass nach Auschwitz keine Gedichte mehr geschrieben werden könnten. Gerade das Keulenwort Auschwitz setze nach einer Zeit der Lähmung Kräfte frei, die sich in der Lyrik niederschlagen könnten: »Es ist dies ›Dennoch‹, diese aus dem Nichts aufsteigende Zuversicht – der Augenblick von Freiheit, den das Gedicht dem Schreibenden und dem Lesenden gibt, von immer zu immer.« Sie sieht dieses »Dennoch« am eindrücklichsten in der Gestalt des Sisyphus verkörpert, der Homerschen Symbolfigur, die als Strafe den schweren Felsblock wieder und wieder den Berg hinan stemmen muss. Der Philosoph Hans Georg Gadamer, der die Dominschen Vorlesungen besucht und kommentiert, vergleicht den Felsblock mit einem Gedicht, das ebenso mühevoll hochgeschafft werden muss, das jedoch die Höhe erreicht und ein Erfolgserlebnis beschert.

Erfolgserlebnisse hat die Lyrikerin nun zunehmend. Das liegt nicht zuletzt an ihrem behutsamen, eigenwilligen, aber nicht abgehobenen Umgang mit dem Wort. Das Gedicht sei der kürzeste Weg von Mensch zu Mensch, sagt sie. Und um diesen Weg so einprägsam wie möglich zu machen, liest sie ihre Gedichte stets zweimal. Sie möchte verstanden werden und sie ist – wie nur wenige Lyriker – eine glänzende Selbstinterpretin ihres lyrischen Werkes.

Eine unkomplizierte Verhandlungspartnerin ist sie nicht, das wissen alle, die beruflich mit ihr zu tun haben: Lektoren und Journalisten, Veranstalter von Lesungen und Preisverleihungen. Ihre grazile, fast zerbrechlich wirkende Gestalt weckt Beschützerinstinkte, doch Schutz braucht sie nicht, eher hilfreiche Geister, die ihre mit Charme, aber hartnäckig eingeforderten Wünsche erfüllen, seien es telefonisch in letzter Minute vor der Drucklegung durchgegebene Änderungswünsche bei Gedichten, sei es ein als zu hart empfundenes Kopfkissen, das mitten in der Nacht ausgewechselt werden muss. Lauter kleine »Bitten«, die keinen Widerstand dulden, aber nie arrogant wirken. Sie hält ihre Umgebung, bei aller Liebenswürdigkeit, stets auf Distanz.

Umso erstaunlicher, dass die in ihren letzten Lebensjahren noch medienkritischer gewordene Lyrikerin einer jungen Filmemacherin Einlass in ihr persönliches Leben gewährt. Anna Ditges gelingt es, das Vertrauen der 95-Jährigen zu gewinnen. Während ihrer wiederholten Besuche in der erinnerungsgesättigten Heidelberger Wohnung ergeben sich lange Gespräche, bei denen sich Hilde Domin immer weiter öffnet und nicht nur von ihrer Jugend, ihrem Exil und der Rückkehr in die Bundesrepublik erzählt, sondern auch das nicht immer einfache Zusammenleben mit Erwin Walter Palm, der »großen Liebe meines Lebens«, anspricht. Die Kamera schweift vom Fenster mit dem Blick ins Neckartal über die Bücherwände, über Erinnerungsbilder und den Rosenstrauß auf dem Tisch. Rosen sind für die Dichterin Sinnbild von Schönheit, aber auch von Vergänglichkeit. Über Vergänglichkeit hat sie seit dem Tod ihres Ehepartners viel nachgedacht. Bei einem von der Kamera festgehaltenen Gang über den Heidelberger Bergfriedhof spricht sie ungewohnt offen über ihre Einsamkeit, das Schicksal von Altgewordenen, denen alle geliebten Menschen weggestorben sind.

Nicht immer duldet Hilde Domin die Filmkamera, ab und zu, wenn sie sich des beobachtenden Kameraauges bewusst wird, winkt sie mit unwirscher Gebärde ab. Den fertigen Film hat sie nicht mehr sehen können. Er kam 2007 unter dem Titel *Ich will dich – Begegnungen mit Hilde Domin* in die deutschen Kinos: die Dokumentation eines tapferen, Tiefen und Höhen auslotenden Lebens.

Weltoffenheit und Gedankenschärfe

Für ihre Lyrik und für ihr Gesamtwerk wurde Hilde Domin im Laufe ihres »zweiten« Lebens vielfach ausgezeichnet. Die ihr verliehenen Auszeichnungen tragen meist Namen berühmter Dichterpersönlichkeiten: Droste, Heinrich Heine, Roswitha, Rilke, Nelly Sachs, Friedrich Hölderlin, Carl Zuckmayer, Jakob Wassermann. Ein Preis der Stadt Heidelberg für Literatur im Exil ist nach ihrer Ehrenbürgerin benannt: Hilde-Domin-Preis. Die Trägerin des Bundesverdienstkreuzes Erster Klasse wurde auch mit dem Staatspreis von Baden-Württemberg, von Nordrhein-Westfalen und sogar der Dominikanischen Republik geehrt. Ein Preis allerdings fehlt in der beeindruckenden Reihe: der Georg-Büchner-Preis, die bedeutendste literarische Auszeichnung in der Bundesrepublik. Das mag die auf Anerkennung durchaus Bedachte geschmerzt haben, doch ihr Stolz lässt kein Klagen und kein Selbstmitleid zu. Sie vermag über ihr eigenes Leben hinaus zu sehen, vermag gesellschaftspolitische Zusammenhänge zu erkennen, deutschlandweit, weltweit.

Gefragt nach der gesellschaftlichen und politischen Verantwortung des Dichters, antwortet sie in einem Interview, er müsse Zeuge seiner Zeit sein, so wahrhaftig wie nur möglich und hinhören »auf die leise Stimme des Herzens«. Er brauche dreierlei Mut: Den Mut, er selbst zu sein. Den Mut, nichts umzulügen. Und den Mut, »an die Anrufbarkeit der anderen zu glauben«.

In ihrem »Offenen Brief« an Nelly Sachs schreibt sie 1966, der Dichter trage mehr zum gemeinsamen Weiterleben bei als alle Politiker zusammen. Diese Aussage relativiert sie dann allerdings in dem Satz: »Nein, ich glaube nicht, dass ein Dichter die Welt verändern kann. Er ändert einzelne. Damit sollte man schon zufrieden sein. Diese vielen einzelnen verändern dann die Welt. Vielleicht ...«

Auch wenn sie selbst in ihre Gedichte keine aktuellen politischen Forderungen oder Richtlinien einfließen lässt, glaubt sie doch mit Enzensberger und angesteckt vom Zeitgeist der 68er an die bewusstseinsverändernde Kraft des politischen Gedichts.

Sie wählt für ihre politischen Zwischenrufe ins Tagesgeschehen die Form des Essays und zeigt sich darin als theoriebewanderte, gedankenscharfe Analytikerin. Ihr Essay *Wozu Lyrik heute* ist eine Streitschrift wider die Parolen vom Tod der Literatur. Im Band *Aber die Hoffnung* äußert sie ihre Gedanken »aus und über Deutschland«. In der von ihr herausgegebenen Anthologie *Doppelinterpretationen* lässt sie ein zeitgenössisches Gedicht jeweils vom Verfasser selbst und von einem Literaturkundigen besprechen. Diese Einführung in die deutsche Lyrik der Gegenwart ist zu einem Schulbuchklassiker geworden.

Abschied

Ihr letzter Gedichtband, den sie noch als 90-Jährige vorlegt, trägt den für ihre Lebenshaltung bezeichnenden Titel *Der Baum blüht trotzdem*. Doch das entschiedene »Trotzdem« ist verhaltener geworden. Sie nimmt in den Versen Abschied von dem, was ihr lieb war, indem sie es benennt und damit unverlierbar macht. Das erste der ihrem verstorbenen Mann gewidmeten Gedichte beginnt mit den Zeilen »Mein Herze / wir sind verreist / nach verschiedenen Weltteilen«. – Verreist nur, kein endgültiger Abschied. In einem der Gedichte beschwört sie uns und sich selbst, nicht müde und verzagt zu werden. Wir sollten vielmehr »dem Wunder / leise / wie einem Vogel, / die Hand hinhalten«. In dem an prominente Zeitgenossen gerichteten »Fragebogen« der Frankfurter Allgemeinen Zeitung beantwortet sie die Frage: Wie möchten Sie sterben? mit den Worten: »Auf der Höhe eines Augenblicks.« Das hat sie geschafft. Ihre Gedanken blieben klar bis zum letzten Lebenstag. Bis zuletzt hat sie den wissenschaftlichen Nachlass ihres Mannes betreut.

Auf dem Heidelberger Bergfriedhof liegt sie nun an der Seite ihres Lebenspartners. In den gemeinsamen Grabstein hat sie noch vor ihrem Tod die Verse eingravieren lassen:

»Ich setzte den Fuß in die Luft / und sie trug.«

*Kabarettistin mit Charme,
Leidenschaft und Wut*

LORE LORENTZ
(1920–1994)

> »Was man angreift, muss
> angreifbar sein, wie man das
> macht – unangreifbar.«
> LORE LORENTZ

Als »Grande Dame« des deutschen Kabaretts hat man sie gefeiert, als »Primaballerina assoluta der politischen Satire«. Nur wenigen Frauen ist es, wie Lore Lorentz, gelungen, sich in der politisch-literarischen Kabarettszene durchzusetzen. Sie könnte sich lediglich auf zwei berühmte Vorgängerinnen berufen: Erika Mann und Therese Giehse, die sich mit ihrer legendären Münchner »Pfeffermühle« 1933 vor den Nazis in die Schweiz absetzten.

Politisches Kabarett hat – als Männerdomäne – Tradition in Deutschland: Tucholsky und Wedekind, Ringelnatz und Kästner schrieben bissige Satiren für die Brettl-Bühnen. Werner Finck galt mit seiner Berliner »Katakombe« bis zu seinem Auftrittsverbot 1935 als Meister kabarettistisch hintergründiger NS-Kritik.

Nicht nur die Hauptstadt Berlin, auch München hatte sich schon seit dem Ende des 19. Jahrhunderts als frucht-

barer Boden für politisch-literarische Satire erwiesen, wobei in Berlin die Betonung mehr auf politisch, in München mehr auf literarisch lag. In beiden Städten gab es das »richtige« Publikum mit Gespür für die brisanten Pointen.

Dass sich nach dem Zweiten Weltkrieg in der Rheinmetropole Düsseldorf ein anspruchsvolles Kabarett etablieren und über sechzig Jahre halten könnte, hätte kaum jemand für möglich gehalten, zumal sich das 1947 gegründete Düsseldorfer »Kom(m)ödchen« an den zwar später entstandenen, aber bekannteren Berliner »Stachelschweinen« oder der Münchner »Lach- und Schießgesellschaft« messen lassen musste. Doch es klappte. 2007 konnte das von Kay und Lore Lorentz buchstäblich aus dem Nichts geschaffene Kabarett sein 60-jähriges Bestehen feiern.

1947 lag Düsseldorfs Altstadt noch in Trümmern. Nichts funktionierte, nur der Schwarzmarkt blühte. In Ruinen Überleben organisieren war wichtiger als Kultur. Der Alltag bot reichlich Realsatiren, sodass für Bühnensatire kein Bedarf bestand. Glaubte man. Doch wenn die Feststellung stimmt, dass schlechte Zeiten gute Zeiten fürs Kabarett sind, müsste die Kabarettkultur in diesen kargen Nachkriegsjahren eigentlich blühen und einem jungen, energiegeladenen Paar mit Fantasie und Schlagfertigkeit gute Entfaltungsmöglichkeiten bieten …

So weit haben die theaterbegeisterten Jungakademiker Kay und Lore Lorentz, die mit einem Flüchtlingstreck über Sachsen nach Berlin gekommen sind, noch nicht gedacht. Auswandern wollen sie eigentlich – bis eines Tages der Brief eines alten Schulfreundes aus Düsseldorf eintrifft, der ein kabarettistisches Etablissement eröffnen will und um ihre literarische Mitarbeit bittet. Die beiden haben zwar keinerlei Kabaretterfahrung, aber das Angebot reizt sie. Mitsamt ihrer kleinen Tochter brechen sie von Berlin erwartungsfroh ins Rheinland auf.

Der Alltag dort stellt sich allerdings als ziemlich frustrierend heraus. Kay soll den technischen Betrieb der »Wäscheleine« übernehmen, Lore an der Kasse sitzen, literarische Qualitäten sind nicht mehr gefragt. Aber als kurz nach der Eröffnung die angekündigte Diseuse ausfällt, springt die Kassiererin Lore ein und erntet großen Beifall für ihre spontanen Darbietungen. Erinnerungen an ihren früheren Schauspielunterricht während des Studiums in Wien werden wach und der Wunsch, wieder auf einer richtigen Bühne zu stehen.

Tollkühner Anfang

Da die »Wäscheleine« nicht das passende Ambiente und Publikum für künstlerisch und literarisch Ambitionierte bietet, muss nach einem anderen Lokal gesucht werden. Unter Trümmerschutt entdecken sie – welch glücklicher Zufall – das halbwegs bewohnbare Hintergebäude einer Altstadtkneipe. Sofort machen sie sich an die Aufräumarbeiten, die Besitzverhältnisse werden sich vielleicht später klären lassen, in diesen chaotischen Zeiten ist nicht Zaudern, sondern Zupacken gefragt.

Mitarbeiter finden sich genügend: Musiker, Opernsänger, Journalisten, Bühnenbildner, Grafiker, alle hoch qualifiziert und durch den Krieg aus der Bahn geworfen. Jedoch: Wie können sie bezahlt werden? Wie kommt man ohne Geld an Material für den Ausbau der Ruine? Alles, was zum Überleben nicht unbedingt notwendig ist, hat auf dem Schwarzmarkt schon gegen Farbe und Mörtel den Besitzer gewechselt. Der wertvollste Familienbesitz, eine über den Krieg gerettete Leica, bringt 36 Stangen amerikanische Zigaretten. Diese wiederum werden gegen Vorhänge und Lampen eingetauscht. Ein Kirchenmusiker organisiert aus einem Kloster ein Virginal, das als Cembalo dient. So wird in der Düsseldorfer Hundsrückenstraße Stück um Stück zusammengetragen für die »Kleine Literaten-, Maler- und Schauspielerbühne«, die sich nach der Entdeckung einer unter Bauschutt vergammelten Kommode nun »Kom(m)ödchen« nennt. Ein doppeldeutiger Name, wobei gerätselt werden kann, ob das Diminutiv bewusst harmlos klingen soll.

Die Eröffnung des »Kom(m)ödchens« am 29. März 1947 mit dem richtungsweisenden Programm *positiv dagegen* gilt als Meilenstein in der deutschen Kabarettgeschichte. Der Eintritt, 50 Reichspfennige, soll für alle erschwinglich sein, darauf legen die Jungunternehmer, selber Habenichtse, Wert. Aber nicht nur der günstige Preis, auch das stutzig machende Motto und die Neugier auf die aus den Trümmern gebuddelte Hinterhofkneipe lassen das äußerst gemischte Publikum herbeiströmen.

Dass dieses erste intellektuell anspruchsvolle Nachkriegskabarett nicht in Berlin und nicht in München, sondern in Düsseldorf seine Premiere feiert und danach Abend für Abend ausverkauft ist, entkräftet das Vorurteil, politische Sensibilisierung durch Ironie und Satire sei nur auf bestimmte Gegenden und Gesellschaftsschichten beschränkt. In Düsseldorf spricht das »Kom(m)ödchen« neben der ohnehin kabarettanfälligen Kunst- und Universitätsszene und den notorisch unter Geldmangel leidenden Schülern und Studenten bewusst auch die sogenannten »besseren Kreise« an, höhere Beamte, Vertreter der Geschäfts- und Finanzwelt, die sich die wohldosierten und von Lore Lorentz mit Charme servierten harten Brocken lächelnd anhören und vielleicht – so hofft die Kabarettistin – danach mehr in sich gehen als nach beleidigenden Tiefschlägen.

Eine Kassandra mit Hoffnungsblick

Wenn Lore Lorentz in den Medien einerseits als Schwarzseherin, als Unheil beschwörende Kassandra, andererseits aber als einfühlsame, sanft ironische Rollengestalterin dargestellt wird, zeigt das die Spannbreite ihrer Darstellungskunst. Während ihr Mann als der kühle Kopf des Ensembles gilt, betrachtet man sie als die Seele, das warme Herz des Unternehmens. Dazu mögen ihr verhaltenes Lächeln und ihre melodische Stimme mit dem leicht böhmischen Tonfall beitragen, der an die Zeiten der k. u. k. Monarchie erinnert. Aber diese Stimme kann auch schneidend hart klingen, wenn es um das Anprangern politischer oder moralischer Missstände geht. »Wir dürfen die Demokratie nicht verplempern«, hält sie denen entgegen, die Kabarett unbeschwert heiter, ohne Anspielungen auf das politische Geschehen genießen möchten.

Geboren ist Lore Lorentz als Lore Schirmer am 12. September 1920 im damaligen Mährisch-Ostrau. Nach dem Abitur studiert sie in Wien und Berlin Geschichte, Philosophie und Germanistik. In Berlin lernt sie 1943 im Institut für Publizistik den gleichaltrigen Orientalistik-Studenten Kay Lorentz kennen. Eine kurze Liebesromanze mitten im Krieg. Der Freund muss zurück an die Front, wird verwundet und nutzt den Genesungsurlaub in der Heimat kurz entschlossen zu einem Heiratsantrag. Da das Paar diese unsichere, wirre Zeit gemeinsam durchstehen möchte, wird noch während des letzten Kriegsjahres in Wittkowiz geheiratet.

1945 kommt das erste Kind, die Tochter Constanze, auf die Welt. Der junge Familienvater schlägt sich mit Gelegenheitsaufträgen als Autor und Regisseur durch. Dann kommt die verlockende Anfrage aus Düsseldorf. Die Übersiedlung aus der Trümmerstadt Berlin ins nicht ganz so zerstörte Rheinland. Die tollkühne Gründung des »Kom(m)ödchens«, ohne Geld, ohne Kabaretterfahrung, ohne richtige Bühne. Der überraschende Erfolg gleich mit dem ersten, selbst geschriebenen Programm. Das positive Echo auch in anderen Städten, selbst im Ausland. Gastauftritte in Zürich und London, später in Holland und schließlich in den USA.

Obwohl Lore Lorentz schon bald als profilierteste Kabarettistin Deutschlands gilt, möchte sie es nicht bei diesem einen Standbein belassen. Sie weitet ihren künstlerischen Horizont systematisch aus, und das neben den wachsenden Familienaufgaben. 1950 wird die zweite Tochter, Kathinka, geboren, im Jahr darauf Sohn Kay Sebastian und vier Jahre später der jüngste des Quartetts,

Christopher. Die vierfache Mutter ist voll ausgelastet, denkt aber keinen Augenblick daran, sich ganz auf die berühmten drei Ks zu konzentrieren: Kinder, Küche und – als Variante zu Kirche – Kabarett.

Sie gastiert am Düsseldorfer Schauspielhaus und an der Deutschen Oper am Rhein, wo sie unter anderem in Brechts *Dreigroschenoper* oder in Offenbachs *Orpheus in der Unterwelt* auftritt. Ihre Plaudereien im Rundfunk mit Werner Höfer über *Frauenfragen – Männersorgen* bringen ihr Popularität nicht nur bei Frauen ein. 1976 nimmt sie einen Ruf an die Essener Folkwang-Hochschule für Musik, Theater, Tanz an und lehrt dort Chanson und Musical. Chansons gehören seit Langem zu ihrem Repertoire, die begeisterten Studenten profitieren von ihrer Praxiserfahrung und ihren spontanen Einfällen.

Eigentlich selbstverständlich, dass die engagierte Hochschullehrerin in den Kreis der Professoren aufgenommen wird, wobei ihr nicht wichtig ist, als Professorin angesprochen zu werden. Diese Ernennung durch das nordrheinwestfälische Wissenschaftsministerium ist der Auftakt zu weiteren Auszeichnungen. 1981 erhält sie den Ehrenpreis des Deutschen Kleinkunstpreises, einige Jahre darauf den Staatspreis des Landes Nordrhein-Westfalen und den Großen Kulturpreis der Sparkassen-Kulturstiftung Rheinland. Eine Kollegschule in Düsseldorf trägt ihren Namen – zur Erinnerung an eine mutige Düsseldorferin aus dem fernen Mährisch-Ostrau. Das Bundesverdienstkreuz lehnt Lore Lorentz, wie auch ihr Mann, aus Protest gegen die Regierungspolitik der Großen Koalition ab.

Wo bleibt das Positive?

Positiv dagegen hieß das erste Programm des »Kom-(m)ödchens«. Wer die Programme der folgenden Jahre und Jahrzehnte durchsieht, mag sich mit Erich Kästner fragen: »Wo bleibt denn da das Positive?« – »Ja, weiß der Teufel wo das bleibt«, gibt sich Kästner selbst die ratlose Antwort.

Natürlich erwartet kein Kabarettbesucher staatstragende oder gesellschaftskonforme Schönfärberei, und doch erhofft er sich von der Intimität der kleinen »Kom(m)ödchenbühne« und der warmherzigen Ausstrahlung der Chefin eine Wohlfühl-Atmosphäre mit nicht zu scharfzüngigen Attacken. Nostalgische Rückblicke kommen beim Publikum besonders gut an, Texte, in denen sich vor allem ältere Zuschauer bestätigt fühlen:

> *»Ja, sehen Sie, das waren andre Zeiten!*
> *Man bot die Kunst noch nicht im Kaufhaus feil;*
> *Personen waren noch Persönlichkeiten,*
> *und jeder dachte sich sein eignes Teil.*
>
> *Heut' sind wir weiter! Fabelhaft entwickelt!*
> *Die Technik ist der Tod der Poesie.*
> *Wir sind geformt, genormt, verchromt, vernickelt –*
> *Heut' sind wir weiter – Wirklich? –*
> *Glauben Sie?«*

Das aufkommende Wirtschaftswunder mit den erstaunlich rasch zu Geld und Besitz gekommenen Neureichen ist ein dankbares Thema für Lore Lorentz. Sie geht es mit beißender Ironie an – im ernüchternden Bewusstsein, dass sie die angesprochenen Besitzer der »Vierkommadreiliterluxusroadster«, die zur Großwildjagd nach Afrika fahren und gelernt haben, wie man Artischocken speist, kaum zur Umkehr bewegen wird.

Sie kann durchaus auch – lächelnd zwar – mit harten Bandagen und »gesunder Wut« zuschlagen, wenn es um Dinge oder Menschen geht, die sie in Rage bringen. Das alte Sprichwort »Was lange währt, wird endlich gut« hat sie umgeformt in »Was lange währt, wird endlich Wut«, und ein Lebensmotto des Ehepaares Lorentz heißt: »Nie resignieren, wütend werden.«

Es sind vor allem die menschlichen Schwächen und Untugenden, die Lore Lorentz aufspießt und der feinen Düsseldorfer Gesellschaft vor Augen hält: Borniertheit, Anpasserei, Verlogenheit, Korruption, Machtmissbrauch, Arroganz. Und die High Society applaudiert, als ob nicht sie gemeint wäre. Nach einer Aufführung hebt der Unternehmer Konrad Henkel das Sektglas mit den Worten: »Es gibt zwei berühmte Düsseldorfer Exportartikel, die sich um die Sauberkeit der Republik verdient machen: Lore Lorentz und Persil.« Während die meisten Berliner und Münchner Kabarettisten sich der linksalternativen Intellektuellenszene zurechnen, pflegen die Düsseldorfer bewusst auch Kontakte zum rheinischen Establishment. «Weder die g'schlamperte Isarstadt noch das hellwache Berlin hätten ihnen den Nährboden für ihre fein ziselierte Keckheit geboten«, stellt der Berliner Autor und Kabarettkenner Klaus Budzinski fest.

Die »fein ziselierte Keckheit«, vor allem literarischer Parodien, wird beim sogenannten Bildungsbürgertum besonders geschätzt. Doch kann ein Kabarett auch in fernerer Zukunft darauf hoffen, dass Anspielungen auf Wilhelm Tell, Die Jungfrau von Orléans oder Don Quichote noch verstanden werden? Wer kennt noch das Original, wenn Programme berühmte Buchtitel leicht variieren, zum Beispiel *Verdummt in alle Ewigkeit* oder *Großer Mann, was nun?* Redewendungen werden mit Vorliebe verfremdet: »Prost Wahlzeit!« oder »So dumm kommen wir nie mehr zusammen.« Viele der spritzigen Texte im Repertoire von Lore Lorentz stammen von ihr selbst, etwa die Definition: »Ein Dementi ist der verzweifelte Versuch, die Zahnpasta wieder in die Tube hineinzubekommen.« Andere Nummern steuern die beiden Hausautoren Martin Morlock und Eckart Hachfeld bei. Alle drei haben sie Spaß an Wortspielen und Doppeldeutigkeiten. Das Schild auf der Bühne »Bürger schützt eure Anlagen« ist heute, in Zeiten der Bankenkrise, aktueller denn je.

Das »Kom(m)ödchen« wird im Laufe der Jahre und der Entwicklung in der Bundesrepublik zunehmend politischer. Lore Lorentz pflegt nicht mehr nur ihre elegante Fechtkunst mit dem Florett, sie schlägt immer häufiger, wenn sich ihre Wut entlädt, auch mit der Keule zu. Besonders wenn es um ihren Lieblingsfeind Franz Josef Strauß geht. Als Adenauer 1955 die Bundeswehr aufstellen lässt und damit die deutsche Teilung zementiert, jedoch gleichzeitig die Wiedervereinigung fordert, geißelt das »Kom(m)ödchen« diese politische Schizophrenie in einem *Spekulativen Chor für Klavier und Lippenbekenntnis*:

> *Wir kennen die Not unserer deutschen Brüder,*
> *wenn wir sie nicht kennten, wär's uns zwar lieber,*
> *aber Weihnachten schicken wir fünfzehn Pfund rüber,*
> *und damit hat es dann sein Bewendtnis.*
> *Es lebe das Einheits-Lippenbekenntnis!«*

Dieser schnoddrigen Westmentalitäts-Parodie stellt Eckhart Hachfeld eine das Publikum anrührende Elegie auf den Verlust der Einheit an die Seite:

> *»Die Grenze, die mein Vaterland gespalten,*
> *liegt nicht bei Helmstedt, nicht bei Ludwigslust;*
> *die Grenze, die wir ewig aufrecht halten,*
> *geht mitten durch die eig'ne deutsche Brust.«*

Die begeisterte Zustimmung von Publikum und Presse nach den Übertragungen im Fernsehen verärgert den Verteidigungsminister, besonders wenn er selbst das Objekt des Spottes ist:

> *»War es seine Meisterschaft im Dementieren,*
> *was ihn so behend nach oben klettern ließ?*
> *War es sein Geschick, ans Volksgemüt zu rühren,*
> *das er immer, wenn's ans Wählen ging, bewies?*
> *...*
> *Eines Tages, als es um die neue Wehr ging*
> *und sein Kanzler nicht die rechten Worte fand,*
> *weil die Diskussion so heftig hin und her ging,*
> *nahm Franz Josef kühn die Sache in die Hand.«*

Dass Franz Josef Strauß solche satirischen Verse nicht dulden würde, war vorauszusehen. 1959 erwirkt er – Pressefreiheit hin oder her – ein einjähriges gerichtliches Verbot von Übertragungen aller »Kom(m)ödchen«-Sendungen im Fernsehen. Der kleinen Düsseldorfer Bühne hat's nicht geschadet, die »Maulkorb-Verordnung« geht durch die internationale Presse und fordert zu Vergleichen zwischen dem Kampf Davids gegen Goliath heraus. Und doch macht sich das Ensemble im Programm »Zustände wie im alten Rom« Gedanken über die vergebliche Müh seiner Wirksamkeit:

> »*Fünfzehn Jahre attackieren wir*
> *mit diesen unsern Waffen.*
> *Freunde, seht uns resignieren –*
> *Bonn ist geistig nicht zu schaffen.*
> *Wenn wir auf die Köpfe zielen,*
> *trifft man meistens nur ins Leere.*
> *Wenn wir ihre Narrheit spielen,*
> *rechnen sie sich's noch zur Ehre.«*

Doch sie resignieren nicht. Lore Lorentz hat sich auf ihren zweiten Lieblingsfeind eingeschossen, Hans-Christoph Seebohm, den Bundesverkehrsminister und gleichzeitig Vertreter der Sudetendeutschen Landsmannschaft. Dessen markige Sonntagsreden vor den Vertriebenenverbänden sind ihr seit Langem ein Dorn im Auge. Sie ist selbst eine Vertriebene, kann Seebohms Double in mährischem Tonfall kontern, wenn von Rückforderung der Heimat die Rede ist. Und sie fragt, wie viele Heimatvertriebene tatsächlich in ihre alten Häuser zurückkehren würden, wenn der tschechische Staatspräsident Novotny ihnen den früheren Besitz wieder überließe. »Höchstpreise für gute Ausreden würden bezahlt, um vom Triumphzug nach Hause loszukommen«, meint sie. Daraufhin bricht eine vermutlich organisierte Briefkampagne über das Ehepaar Lorentz herein. Als »Ostsäue« werden sie beschimpft, und das Schlimmste: Die Ermordung der vier Kinder wird angedroht. Anonym, wie auch die Sendung mit einem giftigen, die Augen gefährdenden Puder.

Dabei hat Lore Lorentz immer wieder Verständnis für die Situation der Vertriebenen gezeigt und nur die Militanz der Verbände attackiert. Ihre Aussage »Ich weiß, was die Sudetendeutschen durchgemacht haben. Mein Vater ist in einem tschechischen Gefängnis gestorben«, beeindruckt die unentdeckten Drahtzieher nicht, doch zahlreiche Sudetendeutsche distanzieren sich von den heimtückischen Aktionen ihrer Landsleute und schicken Blumen und Briefe als Zeichen der Solidarität mit den Geschmähten.

Eine Verbindung der Täter zur rechtsradikalen Szene kann nicht nachgewiesen werden, da diese ja nicht namentlich bekannt sind. Doch die Bevölkerung ist sensibilisiert für rechtsradikale Übergriffe. Es hat kurz zuvor einen Brandanschlag auf das Haus von Günter Grass gegeben, Hakenkreuzschmierereien in Bamberg und anderswo und 1965 eine an 1933 erinnernde Bücherverbrennung in Düsseldorf. Lore Lorentz ist eine der ersten, die vor dem Erstarken der Rechtsradikalen öffentlich warnt.

Umzug als Happening

Das »Kom(m)ödchen« platzt aus allen Nähten. Besucher kommen von weit her, und auch das Fernsehen ist wieder da – mit viel zu wenig Platz für den technischen Aufbau. Eine Reduzierung der Sitzplätze aus baupolizeilichen Gründen wird in der Presse als gezielte Schikane kommentiert, obwohl tatsächlich Brandgefahr bestehen könnte. Ein größerer Saal muss her, und die Stadt reagiert rasch, nicht zuletzt aus Angst, die Düsseldorfer Kleinbühne könnte ins nahe Köln abwandern. 1967 ermöglicht sie dem »Kom(m)ödchen« den Umzug in die geräumigere Kunsthalle.

Am 27. April beginnt die Vorstellung im alten Haus wie an jedem Abend. In der Pause jedoch folgt die publicitywirksame Überraschung: Die verblüfften Zuschauer werden gebeten, ihren Stuhl und die Requisiten von der Bühne in die benachbarte Kunsthalle hinüberzutragen, wo das Programm unter großem Hallo weitergeht – ein gelungenes Happening als Aufbruch in eine, wie die Kabarettisten hoffen, auch geistig weniger beengte Zeit.

Der erhoffte Aufbruch dringt von außen in den vorhangdrapierten Theatersaal. Alte Kabarett-Tradition hat in den Augen der rebellierenden 68er ausgedient. Auch wenn sich das »Kom(m)ödchen« als links von der Mitte definiert und mit dem 1969er-Programm *Es geht um den Kopf* sich um Verständnis für die oppositionellen Forderungen bemüht, bleibt das Negativetikett »bürgerlich« an ihm haften.

Wenn Lore Lorentz sich später selbstkritisch eingesteht, dass sie gegen »die Verbrechen dieser verrotteten, korrumpierten Gesellschaft« nichts weiter getan habe, als sie ästhetisch zu formulieren, ist das untertrieben. In ihren Soloprogrammen mit eigenen oder ihr auf den Leib geschriebenen Texten, besonders eindrücklich in *Marschmusik für Einzelgänger* und *Spielregeln für Querdenker* hat sie durchaus versucht, Sinn für politisches Handeln und staatsbürgerliche Verantwortung zu wecken und auch harten Betonköpfen etwas mehr Toleranz für Andersdenkende einzuhämmern. Das Stammpublikum ist ihr denn auch treu geblieben. Die jungen Rebellen vermissen allerdings in den Programmen die viel Zündstoff bietende Auseinandersetzung mit der Großen Koalition unter Kurt Georg Kiesinger, und sie vermissen vor allem die scharfe Verurteilung des Vietnamkrieges. Dass der Kalte Krieg und der Bau der Mauer nicht härter kritisiert werden, stört sie nicht.

Das »Kom(m)ödchen« versteht sich als bundesrepublikanisches Kabarett, daher mag die Zurückhaltung bei globalen Themen kommen. Außerdem eignen sich die dramatischen Augenblicke der Zeitgeschichte, die wie eine Eruption über ein Land hereinbrechen, kaum für eine kabarettistische Aufbereitung. So hat der Fall der Mauer 1989 eine Eigendynamik entwickelt, die jede Kabarettbühne sprengt.

KEIN ABGESANG

1983 scheidet Lore Lorentz aus dem Ensemble des »Kom(m)ödchens« aus und erfüllt sich 1990 endlich ihren lang gehegten Wunsch, ein Soloprogramm mit Texten von

Heinrich Heine zu gestalten. Heine ist ihr Lieblingsautor, in seinen ironisch frechen und doch gemütvollen Versen fühlt sie sich zu Hause. Für ihre besonders einfühlsame Gestaltung des Programms *Denk ich an Deutschland* mit Texten des aus Düsseldorf stammenden jüdischen Exildichters wird sie von der Düsseldorfer Heinrich-Heine-Gesellschaft mit der Ehrengabe ausgezeichnet.

Drei Jahre später, im Januar 1993 stirbt ihr Mann mit 72 an Herzversagen. Er hat sich bis kurz vor seinem Tod noch um eine Verjüngung des Ensembles bemüht. Lore Lorentz, die mitten in den Vorbereitungen für ein neues Soloprogramm steckt, übernimmt nun kurzfristig die künstlerische Leitung des Kabaretts, überträgt aber noch im selben Jahr die Gesamtverantwortung an den Sohn Kay Sebastian, der mit dem »Kom(m)ödchen« groß geworden ist und die nötige Erfahrung besitzt. Eine weise, vorausblickende Entscheidung, denn am 22. Februar 1994, nur 13 Monate nach ihrem Mann, stirbt auch Lore Lorentz an den Folgen einer Lungenentzündung. Die Gewissheit, dass es mit dem vor fast einem halben Jahrhundert mühsam aufgebauten »Kom(m)ödchen« weitergehen wird, mag ihr eine Beruhigung gewesen sein. 1997 hat das Kabarett mit einer komplett neuen Mannschaft das 50-jährige Bestehen mit einer Hommage an Lore Lorentz gefeiert. Der öffentliche Platz vor dem Theater heißt nun Kay-und-Lore-Lorentz-Platz.

Begraben wurde die geliebte und auch gefürchtete Kabarettistin an der Seite ihres Mannes auf dem Düsseldorfer Friedhof Heerdt. Der Autor Peter Ensikat, der Lore Lorentz noch mit ihrem Heine-Programm in die Ostberliner »Distel« eingeladen hat, würdigte ihre Bedeutung für Deutschland in der Berliner Zeitung: »Was die Lorentz da in Düsseldorf machte, das war feinstes literarisches Kabarett. Und der Ärger, den sie und ihr Mann damit bekamen, zeigte, dass ... das kritische Wort nicht nur im Osten auf die Goldwaage gelegt wurde. Der Verlust, den wir alle mit dem Tod von Lore Lorentz erlitten haben, ist ein gesamtdeutscher. Ihre Kunst sollte uns zu denken geben, wenn wir weiterzumachen versuchen, was sie ein Leben lang gemacht hat: literarisch-politisches Kabarett.«

Mehr Demokratie wagen!

HILDEGARD HAMM-BRÜCHER
(1921)

»Unsere repräsentative Demokratie steht in Gefahr, zur Parteien-Oligarchie zu mutieren und ›das Volk‹ in seiner Mehrheit zu mehr oder weniger teilnahms- und einflusslosen Zuschauern zu bescheiden.«
　　　　HILDEGARD HAMM-BRÜCHER

Mehr als ein halbes Jahrhundert hat die »Grande Dame« der deutschen Nachkriegspolitik die Entwicklung der Bundesrepublik aufmerksam und kritisch verfolgt und als Vertreterin liberaler Grundsätze mitgestaltet, zuerst in München, dann in Bonn und Berlin, oft als einzige Frau in einem selbstgewissen Männergremium. Sie kennt sich wie keine Zweite aus im Machtgefüge der Parteien und des Parlaments. Nie hat sie sich als »Alibifrau« auf die hinteren Bänke schieben lassen, wenn es um wichtige Entscheidungen ging. Sie machte sich in den verschiedensten Gremien sachkundig und redete mit, engagiert und kämpferisch, nie resigniert.

Ihr Mut und ihre Standfestigkeit imponierten auch politischen Gegnern, während ihr Auftreten in der eigenen Partei, der FDP, mit der sie zuweilen hart ins Gericht ging, über die Jahre zu manchen Irritationen führte. Ausgestat-

tet mit scharfem Blick und sensiblem Gespür für populistische Selbstdarstellungen, Opportunismus und Machtmissbrauch, hat sie nie gezögert, Missstände auch in den eigenen Reihen aufzudecken, öffentlich zu machen und nach Möglichkeit für Abhilfe zu sorgen. Im »Fall Möllemann« ist ihr dies nicht gelungen, deshalb hat sie die Konsequenzen gezogen und ist nach 54 Jahren Mitgliedschaft 2002 aus der FDP ausgetreten. Unwiderruflich, wie sie versichert.

Das heißt für sie aber nicht völliger Ausstieg aus der Politik, diese Askese würde sich die Vollblutpolitikerin nicht zumuten. Sie nimmt weiter regen Anteil an allem, was in diesem Land und weltweit geschieht. Ihre besondere Aufmerksamkeit gilt – neben der Bildungspolitik und dem Erstarken der rechtsradikalen Szene – dem Demokratieverständnis in Deutschland. Sie ist besorgt über die Politikferne und das mangelnde Gemeinschaftsgefühl vieler Bundesbürger, die »Ohne-mich«-Mentalität vor allem junger Menschen, die nicht bereit sind, sich politisch zu engagieren.

Schuld an der Politikverdrossenheit seien nicht zuletzt die Parteien selbst, davon ist Hildegard Hamm-Brücher überzeugt. Sie beharrten auf ihrem Machtanspruch, die meisten Abgeordneten verständen sich als Funktionäre ihrer Partei und könnten gar nicht mehr frei denken und handeln, obwohl sie laut Grundgesetz Vertreter des ganzen Volkes seien, an Aufträge und Weisungen nicht gebunden und nur ihrem Gewissen verantwortlich. »Sie vergessen dabei den Bürger«, sagt die Politikerin in einem Interview mit der jungen Schriftstellerin Juli Zeh. Und sie bekräftigt ihre Meinung unmissverständlich: »Ein überstarker Parteienstaat und eine schwache Bürgergesellschaft – diese Kombination macht die Volkskrankheit Politikmüdigkeit aus.« Sie hat die Vision, die Allmacht der Parteien durch »Allianzen«, eine Art Bürgerinitiativen, zu brechen. Diesen müsste ein gesetzlich verankertes Petitionsrecht zustehen, sodass der Bundestag gezwungen wäre, sich mit den eingebrachten Anträgen zu befassen. Dadurch erhofft sie sich eine stärkere Einbeziehung der Bürger, wie es in Staaten, die das Petitionsrecht kennen, der Fall ist. Dass sich die Deutschen die parlamentarische Demokratie nicht erkämpfen mussten, dass sie ihnen mit der Gründung der Bundesrepublik praktisch in den Schoß fiel, verhindert aus Hamm-Brüchers Sicht den Bürgerstolz, den andere Länder empfinden, die ihren Staat aus eigener Kraft geschaffen haben.

Nur 3,5 Prozent der Wahlberechtigten in der Bundesrepublik sind Mitglied einer Partei. Dass diese Zahl so gering ist, hängt nach Meinung der Politikerin nicht nur mit staatsbürgerlichem Desinteresse zusammen, sondern auch mit dem Bild, das die Parteien in der Öffentlichkeit bieten. Wahlversprechen werden nicht eingehalten, parteiinterner Filz und Kungelei stoßen die Wähler ab. Schlammschlachten mit den Gegnern, die man hinterher als Koalitionspartner braucht, wirken unglaubwürdig, unlautere Finanzgeschäfte und mangelnde Transparenz schüren Misstrauen. Durch die Medien werden Skandale und Affären stärker ins Blickfeld gerückt als aufbauende, positive Parteiarbeit.

Das führt dazu, dass bei Umfragen kaum einem Politiker eine Vorbildfunktion zuerkannt wird. Selbst der Charismatiker Willy Brandt verlor an Glanz, nachdem Guillaume, der Vertraute an seiner Seite, als DDR-Spitzel enttarnt wurde. Auf die Münchner Politikerin hat Altkanzler Helmut Schmidt mit seiner klaren, von Wählergunst unabhängigen Meinung prägenden Einfluss gehabt. Noch wichtiger war für sie als Vorbild liberaler Gesinnung und Menschlichkeit jedoch der erste Bundespräsident im Nachkriegsdeutschland, Theodor Heuss.

Sie ist dem damaligen Kultusminister von Württemberg-Baden zum ersten Mal 1946 begegnet, als sie auf einem klapprigen Fahrrad kreuz und quer durch die amerikanische Besatzungszone fuhr, um für die Münchner *Neue Zeitung* Interviews zu machen. Für eine promovierte Chemikerin nicht gerade ein Traumjob, aber sie hat einen Traumchef: Erich Kästner. Er bringt der wissenschaftlich Geschulten bei, wie man lockere Texte für ein breiteres Lesepublikum schreibt und macht ihr Mut, auf die Menschen, auch auf Prominente, zuzugehen. Und Theodor Heuss ist ein idealer Gesprächspartner, der erste Deutsche, von dem sie etwas Positives über Demokratie hört.

»Das Mädle muss in die Politik!«

Davon ist der Demokrat Heuss überzeugt und trifft bei der 24-Jährigen auf offene Ohren. Die Journalistin mit der eindrucksvollen Berufsbezeichnung »Wissenschaftsredakteurin« hat sich ohnehin vorgenommen, mit all ihren Kräften daran mitzuwirken, dass menschenverachtende Diktaturen wie der Nationalsozialismus nie wieder Macht gewinnen. Sie hat sich eine politische und moralische Katharsis der Deutschen erhofft, eine geistige Besinnung des einstigen Volkes der Dichter und Denker. Doch ihr ist klar, dass sie als Einzelkämpferin wenig ausrichten kann. Deshalb ist sie sofort dabei, als 1948 in München die FDP, die Partei ihres späteren Mentors Heuss, gegründet wird. Die Kennzeichnung »frei« und »demokratisch« entspricht ihren Vorstellungen, und sie hat nichts dagegen, dass sie gleich als jüngste Kandidatin für den Stadtrat aufgestellt wird – mit handgemalten Wahlplakaten: »Verjüngt den Stadtrat, wählt Hildegard Hamm!«

Nach ihrer Wahl geht sie mit Enthusiasmus an die Arbeit, stellt aber bald fest, dass es äußerst schwierig ist, Mitstreiterinnen zu finden. Für viele Frauen ist mit dem Nationalsozialismus eine Welt zusammengebrochen, an die sie geglaubt haben. Sie sind enttäuscht und nicht bereit, sich noch einmal für eine Sache zu engagieren. Außerdem haben sie andere Sorgen: zerstörte Häuser müssen wieder aufgebaut, Heizmaterial und Lebensmittel organisiert werden. Tauschhandel und Schwarzmarkt sind für das tägliche Leben wichtiger als politische Parolen.

Für die junge Stadträtin ergibt sich die Chance, mit einem Stipendium der Amerikaner ein Jahr lang in Harvard zu studieren, eine Chance, die sie dankbar wahrnimmt. Nach ihrer Rückkehr aus den USA wird die bürgernahe Kommunalpolitikerin 1950 in den Bayerischen Landtag gewählt, dem sie insgesamt 22 Jahre angehören wird, darunter sechs Jahre als erste weibliche Fraktionsvorsitzende. 1967 holt man sie als Staatssekretärin ins Hessische Kultusministerium, zwei Jahre später wechselt sie, ebenfalls als Staatssekretärin, ins Bundesministerium für Bildung und Wissenschaft. Der unaufhaltsame Aufstieg setzt sich fort mit ihrer Berufung als Staatsministerin in das von Außenminister Hans-Dietrich Genscher geleitete Auswärtige Amt und dem Einzug in den Bundestag, dem sie von 1976 bis 1990 angehört. Dass sie sich nicht scheut, öffentlich Stellung zu beziehen, beweist ihre Rede vom 1. Oktober 1982 im Bundestag. Nach dem Misstrauensvotum gegen Bundeskanzler Helmut Schmidt, das sie nicht mit unterschrieben hat, plädiert sie gegen die Wahl von Helmut Kohl zum Bundeskanzler und setzt sich für Neuwahlen ein. Kohl, dem man ein Elefantengedächtnis nachsagt, wird ihr das nie vergessen.

In der FDP macht sie ihren Einfluss als Mitglied des Präsidiums und zeitweise als stellvertretende Bundesvorsitzende geltend. Dass die Begriffe »frei« und »demokratisch« parteiintern nicht mehr den früheren Stellenwert haben, enttäuscht sie. Auch dass die Partei keine großen Anstrengungen macht, Bürger und Bürgerinnen stärker in notwendige Erneuerungsprozesse einzubeziehen, widerspricht ihrem Demokratieverständnis. Und mit Sorge verfolgt sie die Zunahme rechtspopulistischer, tendenziell antijüdischer Äußerungen in der Partei. 2002 tritt sie »wegen Möllemanns und Westerwelles rechtslastiger Spaßgesellschafts-Politik« aus.

In einem Brief an den Parteivorsitzenden Guido Westerwelle, abgedruckt in ihrem Band *In guter Verfassung? Nachdenken über die Demokratie in Deutschland*, begründet sie ihren Entschluss und schließt mit dem Resümee: »Nach 54-jähriger Parteizugehörigkeit (darunter viele Jahre in führenden Parteiämtern) vermag ich in einer zur rechten Volkspartei à la Möllemann gestylten FDP keine Spuren eines Theodor Heuss, eines Thomas Dehler und Karl-Herrmann Flach, eines Ignatz Bubis und vieler anderer aufrechter Liberaler mehr zu entdecken. Damit habe ich meine politische Heimat verloren und muss von heute an, traurigen Herzens, zur Wechselwählerin werden.«

Dass Hildegard Hamm-Brücher auf antisemitische Strömungen so empfindlich reagiert, hat nicht nur mit ihrem ausgeprägten Sinn für Menschenwürde und Achtung Andersdenkender zu tun, sondern auch mit ihrer persönlichen Lebensgeschichte.

Ihr Stammbaum im »Ahnenpass« ist nicht »rein arisch«. Davon ahnt aber die 1921 in Essen Geborene nichts. Sie wächst mit vier jüngeren Geschwistern in Berlin-Dahlem in einem christlich geprägten Elternhaus auf und ist wie die Mutter und Großmutter evangelisch getauft. Pastor Niemöller gehört zu den Freunden der Familie. Hildegard und ihre Geschwister erleben eine unbeschwerte Kindheit, bis der Verlust der Eltern, die kurz hintereinander sterben, die Kinder zu Waisen macht. Sie werden nach Dresden zur Großmutter gebracht, die aus einer angesehenen Industriellenfamilie stammt und ein großbürgerliches Haus führt.

Die elfjährige Hildegard fühlt sich für die jüngeren Geschwister verantwortlich, dieses Verantwortungsbewusstsein prägt sie fürs spätere Leben. Sie ist eine gute, pflichtbewusste Schülerin und wundert sich, dass sie plötzlich Schwierigkeiten in der Schule bekommt und nicht mit in ein Klassenlager fahren darf. Die Großmutter, die ja Christin ist, klärt sie nicht über ihre jüdischen Wurzeln auf.

Die Gymnasiastin soll ihre Schulzeit in Schloss Salem am Bodensee beenden, doch nach einem Jahr muss sie die Schule verlassen, für »Halbjüdinnen« ist in dem Nobelinternat kein Platz mehr. Das bedeutet auch das Ende ihrer Karriere als Meisterschwimmerin. Gute Freunde ermöglichen ihr die Aufnahme in einem Mädchengymnasium in Konstanz und nach dem Abitur einen Studienbeginn an der Universität München. Die naturwissenschaftlich Begabte schreibt sich für das Hauptfach Chemie ein. An diesem Fachbereich lehrt der berühmte Nobelpreisträger Heinrich Wieland, ein mutiger Anti-Nazi, der bedrohten jüdischen Studenten in seinem Institut Unterschlupf gewährt. Die Gestapo hat davon wohl Kenntnis, verhaftet ihn aber nicht, da seine Forschungen kriegswichtig sind und die Reputation der deutschen Wissenschaft auf dem Spiel steht. In seinem Institut wird niemand denunziert oder bespitzelt, es gilt als eine »Oase der Anständigkeit«. Die »Halbjüdin« Brücher kann hier sogar 1945 promovieren, da Professor Wieland ihre Dissertation als wichtige Forschungsarbeit über die kriegsbedingte Mangelernährung der Bevölkerung einstuft. Der Nobelpreisträger und Doktorvater bleibt für die junge Chemikerin Vorbild und Ansporn.

Sie gehört zum Freundeskreis der »Weißen Rose«, einer Widerstandsgruppe an der Münchner Universität, leistet aber selber keinen aktiven Widerstand gegen die Gestapo, als Kommilitonen verhaftet werden. Das bedrückt und beschäftigt sie bis heute, und sie hofft, dass der Tod der Geschwister Scholl und der übrigen Gruppe nicht umsonst war, dass in unseren Universitäten als geistig-politisches Vermächtnis nachwirkt, was die Flugblätter der »Weißen Rose« uns als Botschaft hinterlassen. Mit der Überschrift »Zerreißt den Mantel der Gleichgültigkeit ...« will eines der Flugblätter die Kommilitonen aus ihrer Passivität aufrütteln. Es sind ja längst nicht alle mit Hitler und dessen antisemitischen Hetztiraden einverstanden, nur wagt es niemand aus Angst vor der Gestapo laut auszusprechen.

Wie steht es heute mit der Zivilcourage, wenn es gilt, Ausschreitungen politisch motivierter Gewalttäter zu verhindern? – Ein Kapitel Nachkriegsgeschichte, das der Politikerin Sorge macht. Antisemitische Wandschmierereien, Schändungen jüdischer Friedhöfe, Brandanschläge auf Synagogen tragen die Handschrift von Neonazis. Hildegard Hamm-Brücher lebt in München, der Stadt, in der es bei der Grundsteinlegung des neuen Jüdischen Zentrums im November 2003 beinahe zur Katastrophe gekommen wäre. Im letzten Augenblick konnte die bayerische Polizei Attentatspläne und 14 Kilogramm Sprengstoff sicherstellen, bevor die Festgemeinde – darunter ausländische Ehrengäste und Bundespräsident Johannes Rau – dem heimtückischen Anschlag zum Opfer gefallen wäre.

Mehr Wachsamkeit wünscht sich die Politikerin von den Bürgern und Bürgerinnen, mehr Verantwortungsgefühl und gegenseitige Hilfe. Hinschauen statt Wegschauen, wo Unrecht geschieht. Um den Gemeinsinn stärker zu fördern, träumt sie von einer »Allianz der Einsichtigen«, einem Kooperationsmodell, das Menschen parteien- und schichtenübergreifend überall im Lande in ein Netzwerk gegenseitiger Hilfe einbinden soll.

Für ihr soziales und politisches Engagement ist die Münchner Ehrenbürgerin mit dem Großen Bundesverdienstkreuz mit Stern und Schulterband ausgezeichnet worden. 2005 wurde sie in Berlin für ihre Bemühungen um deutsch-jüdische Verständigung mit dem Heinz-Galinski-Preis geehrt. Die Friedrich-Schiller-Universität Jena hat ihr im selben Jahr die Ehrendoktorwürde zuerkannt. In ihrer Dankrede stellt sie die Frage: »Haben wir aus den Irrtümern unserer Geschichte gelernt?« Sie antwortet – etwas zögerlich – mit »Ja« und weist auf die funktionsfähige Demokratie, auf den verlässlichen Rechtsstaat, den Frieden mit unseren europäischen Nachbarn und auf die Wiedergutmachung für begangenes Unrecht hin. Als Fazit gibt sie den Studenten zu bedenken: »Wir haben zwar aus unseren Irrtümern gelernt, aber: wir haben noch nicht ausgelernt!«

Sie ist stets eine Mahnerin, auch eine Warnerin gewesen, aber keine Kassandra, die nur Hiobsbotschaften verkündet. Im Gegenteil: Sie macht den Menschen Mut und versucht, ihnen Vertrauen in die Politik und die Politiker zu geben – ein schwieriges Unterfangen, angesichts der wachsenden Politikverdrossenheit im Lande, doch ihr Grundoptimismus lässt sie immer wieder nach Lösungsmöglichkeiten suchen. So hat sie es schon in der Kommunalpolitik gehalten, später im Bayerischen Landtag und im Bundestag.

1994 hat sie, nominiert von der FDP, verwegen für das Amt des Bundespräsidenten kandidiert – als erste Frau. Eine Mutprobe. Dass sie dem Mitbewerber Roman Herzog unterliegen würde, war vorauszusehen, aber ihre Kandidatur hat ein Signal gesetzt: Auch eine Frau als Bundespräsidentin wäre denkbar. Einige Jahre später zeigt Angela Merkel, dass eine Frau als Bundeskanzlerin durchaus »ihren Mann stehen« kann.

Frauen preschen vor

Im Gegensatz zu den Pionierinnen der ersten Frauenbewegung, die keine Hemmungen hatten, sich mit machtbewussten Politikern und Lehrstuhlinhabern anzulegen, zeigten die Nachkriegsfrauen wenig Lust, sich auf das harte Geschäft der Politik einzulassen. Das blieb für viele Männersache. Sie scheuten sich davor, mit Forderungen an die Öffentlichkeit zu treten und sich der oft schonungslosen Kritik auszusetzen. Die Vertreterinnen der neuen Frauenbewegung kannten diese Scheu nicht, sie forderten in der 68er-Zeit lautstark ihre Rechte ein und verschreckten damit manche durchaus emanzipatorisch denkende Frauen, die sich den Einstieg ins politische Geschäft weniger turbulent wünschten. Das war schon in der alten Frauenbewegung so: Während »gemäßigte« Frauenrechtlerinnen mit Helene Lange an der Spitze auf das beharrliche Bohren dicker Bretter setzten, suchten »radikale« wie Minna Cauer oder Anita Augspurg den Eklat, um auf sich und ihre Forderungen aufmerksam zu machen.

Hildegard Hamm-Brücher ließe sich keiner der beiden Richtungen zuordnen. Für das Bohren dicker Bretter wäre sie wohl zu ungeduldig, für reißerisch spektakuläre Aktionen ließe sie sich kaum gewinnen, gilt sie doch als die stilbewusste »Grande Dame« der bundesrepublikanischen Politik. Sie wirkt authentisch, fühlt sich an keinerlei Weisungen »von oben« gebunden und erlaubt sich subjektive Urteile, die sie zu revidieren vermag, wenn Umstände sich ändern. Das analytische, nüchtern strukturierende Denken der Naturwissenschaftlerin kommt ihr dabei zu Hilfe.

Sie beobachtet nun mit Genugtuung, dass doch immer mehr Frauen auch in Deutschland in Spitzenpositionen aufsteigen, sei's in der Wirtschaft, in der Politik oder im Kommunikationsbereich. Nur die Naturwissenschaften hinken hinterher, das hängt nicht zuletzt mit der noch immer traditionellen Fächerwahl an Gymnasien und an der Universität zusammen: Mädchen studieren vor allem Sprachen und belegen pädagogische, soziale oder musische Fächer, weniger Naturwissenschaften oder Technik. In der Politik bauen inzwischen alle Parteien fähigen Frauen goldene Brücken, aber ihr Anteil in politischen Gremien liegt noch immer unter dem europäischen Durchschnitt.

Die Wahl Angela Merkels zur Bundeskanzlerin im Jahr 2005 hat Hildegard Hamm-Brücher begrüßt, nicht euphorisch, sondern ganz nüchtern: Merkel ist eine Frau, sie ist jung, intelligent und kommt aus der ehemaligen DDR – eigentlich ein Glücksfall. Zwei Jahre später verteidigt sie Merkel in einem Interview mit der jungen Schriftstellerin Juli Zeh, die der Kanzlerin Profillosigkeit vorwirft: »Die Große Koalition würde platzen, wenn da eine Kanzlerin wäre, die einen dezidierten Standpunkt etwa zum Thema Kernenergie hätte ...« Doch sie wünschte sich, dass Angela Merkel auch mal Gefühl zeige: »Wenn sie es nun genauso pragmatisch macht wie die Männer, dann ist es am Schluss nicht mehr nötig zu sagen: Wir brauchen mehr Frauen in der Politik.«

Hildegard Hamm-Brücher freut sich über jede Frau, die sich politisch profiliert, egal aus welcher Partei. Dass Heide Simonis als erste Ministerpräsidentin eines Bundeslandes scheiterte, hat sie betrübt. Die erneute Kandidatur Gesine Schwans für das Bundespräsidentenamt sieht sie allerdings mit gemischten Gefühlen, da die Kandidatin die Partei nicht geschlossen hinter sich hat und auf Stimmen aus anderen Parteien, auch der Linkspartei, angewiesen ist. Damit ein unwürdiges Gerangel um dieses höchste Staatsamt vermieden wird, plädiert die erfahrene Demokratin für eine Wahl des Bundespräsidenten nicht durch Wahlmänner, sondern durch die Stimmbürger. Eine solche Volkswahl, wie sie in den umliegenden Ländern üblich ist, würde den Bürgern eine echte demokratische Mitentscheidung ermöglichen und insbesondere Frauen stärker in die Verantwortung für die Mitgestaltung des Landes einbeziehen.

Die überzeugte Demokratin hat eine genaue Vorstellung davon, wie Frauenpolitik aussehen könnte: Dazu bedarf es zuallererst einer nüchternen und selbstkritischen Auflistung dessen, was die Frauen bisher erreicht haben und in Zukunft erreichen wollen. Die Autorin Hamm-Brücher hat in ihrem Buch *In guter Verfassung?* einen entsprechenden Fragenkatalog zusammengestellt, der mit der Frage nach der Mitgestaltung und dem tatsächlichen Einfluss von Frauen auf das politische Geschehen in der Kommune und im Staat beginnt: »Haben wir uns den männlich geprägten Machtstrukturen und Usancen nur angepasst oder haben wir sie auch verändert? Desgleichen den politischen Stil? – Die Verwilderung unserer politischen Kultur? – Sind unsere Gesetze bürgernäher, verständlicher und unbürokratischer geworden? – Haben wir uns, abgesehen von Frauenpolitik im engeren Sinn, die politischen Wirkungsfelder erschlossen, die von Männern vernachlässigt oder gar herabgewirtschaftet wurden?« All diese Fragen kann sie nicht positiv beantworten, sieht darin aber eine Herausforderung zum Handeln, eine Erschließung emanzipatorischer Wirkungsfelder, bei denen es nicht um Macht, sondern vor allem um Entschlossenheit zur Verantwortung geht.

»Demokratie ist mehr als ein Wort«, heißt ein Leitsatz der liberalen Politikerin, der sie durch ihr ganzes öffentliches Leben begleitet hat und der auch für ihre Ehrenämter gilt. Als Mitbegründerin und erste Vorsitzende der »Theodor-Heuss-Stiftung zur Förderung der politischen Bildung und Kultur« hat sie sich stets um demokratische, transparente Strukturen bemüht, ebenso als Kuratoriumsmitglied am Jüdischen Zentrum München und im Rahmen der evangelischen Kirche bei EKD-Synoden und Kirchentagen. In ihrer frühen Münchner Zeit machte sie sich für die Frauenordination, das heißt für den vollgültigen Zugang von evangelischen Theologinnen zum Pfarramt, stark. Und sie setzte sich für die Gründung von Gemeinschaftsschulen ein, das erforderte Mut, denn damals war an demokratische Elternabstimmungen nicht zu denken, die CSU hatte das Sagen und an der Konfessionsschule katholischer Prägung war nicht zu rütteln. Das Pikante an der Sache: Ihr eigener Mann war CSU-Stadtverordneter.

Liberal und tolerant – eine gute Ehegrundlage

Der Münchner Kommunalpolitiker und Jurist Dr. Erwin Hamm gehörte nicht zur konservativen Stammfraktion der CSU. Wie seine zwölf Jahre jüngere Frau galt er als liberal und tolerant, sodass der Haussegen wegen politischer Auseinandersetzungen nur selten schief hing. Bei der Heirat bestand die Ehefrau – damals noch völlig unüblich – auf dem Doppelnamen Hamm-Brücher. Sie wollte ihre eigene Identität auch auf dem Trauschein bestätigt wissen. Dass sie nach der Geburt der Kinder – Tochter Verena 1955, Sohn Florian 1959 – berufstätig bleiben würde, war für das Ehepaar von Anfang an selbstverständlich.

Alles lässt sich im Hause Hamm-Brücher dank der tatkräftigen Mithilfe des Ehepartners gut organisieren, wenn die Hausfrau und Mutter zu Vorträgen oder Tagungen unterwegs ist. Diese Selbstständigkeit in der Alltagsplanung ist für viele Frauen noch ungewohnt. Oft kommt in Diskussionen als Erstes die etwas vorwurfsvolle Frage: Und wer schaut zu Ihren Kindern, wenn Sie so viel weg sind von daheim? – Dass sie sich in einer privilegierten Lage befindet, ist ihr bewusst, dass es für viele Frauen schwierig ist, sich eigene Freiräume zu schaffen, weiß sie ebenfalls. Während der Schulzeit ihrer Kinder wird sie selber mit Problemen des deutschen Schulalltags konfrontiert: Halbtagsunterricht, schlechte Stundenkoordination, fehlende Nachhilfe für schwächere Schüler, selbstverständliches Einspannen der Eltern bei Hausaufgaben, wenig Verständnis der Schulleitungen für Elterninitiativen ... Ihr wird klar: Reformen sind überfällig.

Sie engagiert sich fortan in der Bildungspolitik, spricht Probleme an und schreibt darüber. Schon 1965 fragt sie sich im Band *Auf Kosten unserer Kinder?* auf einer Reise durch die pädagogischen Provinzen der Bundesrepublik, »wer eigentlich was für die Schulen tun müsste«. Vier Jahre später macht sie sich in einer gesellschaftspolitischen Analyse Gedanken über *Das Wagnis von Demokratie und Erziehung*. 1976 folgt ein Plädoyer gegen die Resignation in der Bildungspolitik: *Bildung ist kein Luxus*. Bildung bleibt – wie die Themen Demokratie und Frauen – ein Eckpfeiler ihrer gesellschaftspolitischen Arbeit.

Gedanken über Alter und Tod

In den letzten Jahren hat Hildegard Hamm-Brücher ihre außerhäuslichen Aktivitäten stark eingeschränkt – ein verständliches Kürzertreten mit über 80 und nach einem anstrengenden, mehr als 50-jährigen Berufsleben als Politikerin. Dass dieser Rückzug mit der schweren Krankheit ihres Mannes zusammenhing, hat sie, wie überhaupt ihr Familienleben, als ihre Privatsache betrachtet. So bereitwillig sie den Medien über ihre politischen Ambitionen Auskunft gibt, so wortkarg ist sie, wenn es um ihre persönlichen Belange geht.

Umso erstaunlicher ihre Gesprächsbereitschaft in der Sendung *Beckmann* anlässlich der ARD-Themenwoche *Mehr Zeit zu leben*. In dieser am 21. April 2008, nur wenige Wochen nach dem Tod ihres Mannes ausgestrahlten Sendung spricht sie zum ersten Mal offen und öffentlich über die letzten Jahre des Zusammenlebens mit ihrem an Demenz leidenden Ehegefährten. Sie hat ihn zu Hause gepflegt und umsorgt – eine schwere, vor allem geistige Belastung, wenn er in seinen Halluzinationen immer wieder mit längst verstorbenen Personen sprach und sich mit ihnen treffen wollte.

Sie hat die Erfahrung gemacht, dass man »nicht in den Qualen des liebsten Menschen versinken darf« und hat versucht, ihm in lichten Momenten kleine Freuden zu bereiten. Wichtig war ihr in dieser schwierigen Zeit der Beistand von Freunden und der eigenen Familie. Tochter Verena wohnt in der Nähe, Sohn Florian in Frankfurt. Besondere Freude machen ihr Enkelbesuche.

Sie muss nun, nach so langen gemeinsamen Ehejahren, mit dem Alleinleben fertig werden. Noch nimmt sie ehrenamtliche Aufgaben wahr und pflegt ihre Korrespondenz. Sie freut sich über kleine Spaziergänge an der Isar und über gelegentliche Besuche von guten Freunden. Dabei schweifen ihre Gedanken zurück zu den beliebten Kaffee-und-Kuchen-Gesprächen in ihrer Wohnung, zu denen sich nicht selten prominente Gäste einfanden. Wen würde sie heute, ständen ihr alle Möglichkeiten offen, zu einer Gesprächsrunde einladen? – Sie zögert nicht mit der Antwort: Bundeskanzlerin Merkel und US-Präsident Obama sähe sie gerne gemeinsam an ihrem Tisch ...

In stillen Stunden lässt sie ihr Leben an sich vorüberziehen, ihren Einsatz für die Festigung der Demokratie mit allen Rückschlägen, aber doch mit der Gewissheit: Es hat sich gelohnt. »... Ich lebe angstfrei und in politischer und geistiger Freiheit. Das erlebe ich immer wieder als ein kostbares Geschenk!« Dankbar ist sie dafür, dass sie in ihrer vertrauten Umgebung inmitten der Bücher und der Erinnerungen an ihren Mann leben kann. »Das wäre für mich Isolationshaft, wenn ich in ein Altenheim müsste«, sagt sie bei *Beckmann*.

Ihre Gedanken gehen oft zur letzten Ruhestätte ihres Mannes auf dem Münchner Waldfriedhof. Irgendwann wird sie wohl an seiner Seite liegen. Angst vor dem Tod hat sie nicht. Sie ist ein gläubiger Mensch und lebt im Vertrauen, bei allem, was geschieht, in Gottes Hand zu sein.

Mystik und Politische Nachtgebete

DOROTHEE SÖLLE
(1929–2003)

> »Langsam nistet sich ein radikales
> Christentum bei mir ein.«
> DOROTHEE SÖLLE

Sie war eine Rebellin. Eine Kämpferin für eine gerechtere Welt. Und sie hatte die Bibel und Christus auf ihrer Seite, wenn sie sich für die Schwachen und Benachteiligten auf dieser Erde einsetzte, ob in Elendsvierteln Südamerikas oder den Hinterhöfen der satten Bundesrepublik. Christentum bedeutete für sie Urvertrauen in Gottes Güte, aber Urmisstrauen in kirchliche Machtstrukturen.

Mystik und Politisches Nachtgebet, wie geht das zusammen? Die in sich gekehrte, weltabgewandte Sammlung in der Stille und die ganz in der Gegenwart verhaftete hitzige Diskussion in überfüllten Kirchenräumen? – Dorothee Sölle schaffte es, diese Gegensätze zu verbinden und zu leben. Glaubwürdig und überzeugt von der göttlichen Botschaft, aber nie sektiererisch, sodass auch Nichtgläubige ihr zuhörten oder ihre Bücher lasen. Sie ist gestorben, wie sie es sich gewünscht hat: mitten aus der Arbeit heraus. Ihre Gedanken leben weiter.

»Mitten im Leben sind wir vom Tod umfangen«

27. April 2003. In den Abendnachrichten die bestürzende Meldung: Dorothee Sölle ist tot. Herzinfarkt auf einer Tagung in Bad Boll. Am frühen Morgen ist die 73-jährige Theologin in einem Göppinger Krankenhaus gestorben. Sie hatte die Tagung mit einem Beitrag über »Gott und das Glück« eröffnet. Es war ihr letzter Vortrag. »Mitten im Leben sind wir vom Tod umfangen« – die Zeile aus einem alten Kirchenlied hat Dorothee Sölle immer begleitet. Sie hat oft über den Tod gesprochen, hat ihn hineingenommen in die Fülle ihres Lebens als Vertrauten, der sie eines Tages abholen wird. Dass er so schnell kommen würde, konnte sie nicht ahnen. Trotz ihrer Zuckerkrankheit hat sie sich viel zugemutet, zu viel vielleicht. Gut erholt von einem ersten Herzinfarkt freute sie sich auf die Tagung in der Evangelischen Akademie. Das Thema war genau auf sie zugeschnitten: Reflexionen über den mystischen Weg zum Glück. Diesen Weg mussten nun die Tagungsteilnehmer alleine weitergehen.

Vieles bleibt unvollendet nach dem Tod der so unermüdlich Tätigen. Ihre Pläne, Hoffnungen, ihre Neugier auf Unbekanntes und Unerforschtes – Vergangenheit. Wer sie je in ihrem Haus am Roosens Weg in Hamburg-Othmarschen besucht hat, kann sich nicht vorstellen, dass in dem üppig wuchernden Garten nun keine Enkel mehr spielen und dass ihr so persönlich geprägtes Arbeitszimmer mit den Manuskriptstapeln auf dem Biedermeiersofa, den Bücherwänden mit den Enkelzeichnungen und dem

Bücherberg neben dem alten Holzpferdchen nun verwaist ist. Für das leibliche Wohl hat stets ihr Mann gesorgt, Gäste wurden bei philosophischen oder politischen Gesprächen und einem guten Rotwein am rustikalen Tisch in der Wohnküche bewirtet. – Alles Erinnerung.

Erinnerung auch die Diskussionen über ihre Bücher, vor allem den Band mit dem provozierenden Titel *Atheistisch an Gott glauben*, eine Theologie nach dem Tode Gottes, die Gottes Menschwerdung nicht als abgeschlossenen Vorgang, sondern als weiter wirkenden Prozess versteht. Auf die Frage nach den Konsequenzen für uns Menschen antwortet die Theologin, man könne nicht Gott ins Jenseits verlegen und die Liebe als das »nur« Menschliche sehen, denn: »Es gibt keine andere Transzendenz als die Liebe.« Mit diesen Gedanken steht sie eigentlich für eine »Kirche außerhalb der Kirche«, aber sie ist nicht ausgetreten, sie möchte diese Kirche näher zu den Menschen bringen.

Dass sie selbst mit ihrem Glauben nahe an den Menschen geblieben ist, dafür haben, neben ihren Lehrerfahrungen in Amerika, die Fragen der eigenen Kinder gesorgt: »Wo war Gott in Auschwitz?« Eine Frage wie ein Hammerschlag – wer könnte sie ungeduldigen Jugendlichen kurz und bündig beantworten? Die Kinder sind auch als Erwachsene kirchenkritisch geblieben, zehren aber vom religiösen Fundus, der mit biblischen Geschichten und Ritualen im Elternhaus gelegt wurde. Die jüngste Tochter Mirjam, heute Theologieprofessorin in Bamberg, hat sich zwar der Konfirmation verweigert und nicht kirchlich geheiratet, aber ihr Töchterchen Charlotte taufen lassen.

Sohn Martin, »dem Existenzialisten und Skeptiker«, der als Buchhändler in Köln arbeitet, hat die Mutter das Buch *Gegenwind* gewidmet.

Zugang zur Befreiungstheologie

Das Engagement Dorothee Sölles für die Befreiungstheologie hängt nicht zuletzt mit den Besuchen bei ihrer Tochter Caroline in Bolivien zusammen, die dort als Ärztin ein ländliches Gesundheitsprogramm aufgebaut hat und in enger Verbindung mit der Bevölkerung die Unterdrückung einer »Kirche von unten« durch die römische Amtskirche hautnah miterlebt hat. Überall in Lateinamerika gab es Priester und Bischöfe, die sich mit dem von Diktatoren unterdrückten Volk solidarisierten und dafür aus dem Amt gejagt, gefoltert oder ermordet wurden. Rom sah in diesen mutigen Kämpfern für Gerechtigkeit eher rote Rebellen als Märtyrer und verhielt sich der ganzen Befreiungsbewegung gegenüber reserviert. Dabei könnten hier, davon ist Dorothee Sölle überzeugt, der Kirche neue Kräfte erwachsen – Gläubige, die das Evangelium ernst nehmen und bereit sind, sich dafür einzusetzen.

Sie hat selbst Gemeinden in El Salvador besucht, hat Kontakte geknüpft zu Befreiungstheologen, hat erfahren, welch starken Widerhall die Namen Ernesto Cardenal, Leonardo Boff oder Oscar Romero im gläubigen Volk hervorrufen. Nach dem ermordeten Bischof Romero aus El Salvador ist in Luzern ein Haus der Begegnung benannt, in dem sie und ihr Mann, der Religionspädagoge Professor Fulbert Steffensky, sich häufiger mit Vertretern der Befreiungstheologie getroffen haben.

Gemeinsam mit ihrem Mann, der als ehemaliger Benediktinermönch mit der katholischen Kirche vertraut ist, hat sie das Buch *Nicht nur Ja und Amen: Von Christen im Widerstand* geschrieben, ein eindrückliches Dokument gegen Unterdrückung und Machtmissbrauch. In Zusammenarbeit mit der südamerikanischen Grupo Sal ist eine CD entstanden, die ihr besonders am Herzen liegt. Die Musik dieser Band – Querflöte, Quena, Bass, Percussion und Gesang – entspricht ihrem Lebensgefühl: Trauer und Glück, Klage und Fröhlichkeit. Dazwischen eingestreut ihre Texte: Gedichte, Kritik an einer Gesellschaftsordnung, in der die Reichen immer reicher, die Armen immer ärmer werden, Solidarisierung mit den ausgebeuteten Indios, Gedanken über Gewalt und gewaltlosen Widerstand, Unterstützung der Befreiungstheologie und schließlich ein Brief an ihre vier Kinder. Das ganze Vermächtnis der radikalen Christin, eingebrannt in eine dünne blanke Scheibe.

In dem Brief an ihre Kinder schreibt sie selbstkritisch: »Es ist, als hätten wir Eltern kein bewohnbares Haus der Religion anzubieten, nur ein verfallenes. Vielleicht habe ich mich darum gescheut, Euch ins Christentum zu locken ...« Da ist kein sicherer Steg, über den sie die Kinder führen könnte, keine Gewissheit, nur der Wunsch, sie möchten alle »ein bisschen fromm werden«, nicht kirchenfromm, doch Gott in ihr Leben einbeziehen, ihm hie und da danken, ihn loben mit einem Halleluja oder dem großen Om der indischen Religion. Und sie legt ihnen Meister Eckhart ans Herz, den großen Mystiker des Mittelalters.

Die Mystikerin

Die andere Dorothee Sölle, die unbekanntere. Nicht die aktionistische, kämpferische, die soziale Gerechtigkeit und Achtung der Menschenrechte auf dieser Welt fordert, sondern die kontemplative, der Mystik verhaftete, die das Jenseits »erden« möchte. Eines ihrer Bücher trägt denn auch den Titel *Den Himmel erden*. Immer wieder und mit immer neuen Mitteln versucht sie, Menschen ein Stück des Weges zu begleiten ins Ungewisse, ins Abenteuer Glauben. Sie ist eine Missionarin, aber keine der penetranten und selbstgewissen Art, die den einzig richtigen Weg genau kennen. Sie ist selbst eine Suchende, eine, die mit Zweifeln lebt und deshalb die Zweifel der anderen verstehen kann. Auch wenn die Kirchen sich leeren und viele Menschen sich in den zu Gottes Ehre gebauten Häusern nicht mehr zu Hause fühlen, bleibt doch – davon ist die Theologin überzeugt – die Sehnsucht und Suche nach etwas, das über den Alltag und die kleinkreisige Gegenwart hinausweist.

Es muss doch mehr als alles geben heißt der fragend herausfordernde Titel eines ihrer Bücher, das zum Nachdenken über Gott führen soll. Nachdenken über jenen Gott, dessen Nähe man vielleicht nicht mehr spürt, der einem eines Tages mit dem Kinderglauben abhanden gekommen ist und zu dem man jetzt keinen Zugang mehr findet. Hier versucht Dorothee Sölle, pädagogisch geschickt und anschaulich, Brücken zu bauen. Sie unterscheidet drei Phasen der religiösen Entwicklung, wie sie für einen noch vom Christentum geprägten Lebensraum typisch sind. In die erste Phase, die sie die »dörfliche« nennt, wachsen Kinder ganz selbstverständlich hinein, übernehmen Werte und Normen aus dem Elternhaus oder dem kirchlichen Umfeld, orientiert an Vorbildern und Traditionen. Viele Menschen verharren ihr Leben lang in diesem Hort absoluten Vertrauens, andere hinterfragen eines Tages den naiven Kindheitsglauben, rebellieren, werfen alle eingepflanzten Gottesbilder über Bord und stehen mit leeren Händen da. Unbehaust leben sie in dieser zweiten Phase »als nach-christliche Bürger in der säkularen Stadt«.

Hier beginnt die dritte Phase, die Suche nach »religio«, Rückbindung, und Dorothee Sölle sieht darin eine Hoffnung auch in unserer säkularisierten Welt: »Wer zu einer kritischen Bejahung des Glaubens gekommen ist, nach einer intensiven Auseinandersetzung in der zweiten Phase, der kämpft nun auch um die Entwicklung neuer Lebensformen der Religion.« Diese Lebensformen sieht die evangelische Theologin nicht nur innerhalb der abendländisch-christlichen Horizonte, auch Sufi-Meister oder fernöstliche Gurus können Wege dahin weisen. Doch näher liegt dem Europäer als Vorbild und Lehrer ein »zum Klischee erstarrter, aber ganz unbekannter Meister«: Jesus. Seine Botschaft auf unkonventionelle, oft provozierende Weise weiterzugeben, hat sie sich ihr Leben lang bemüht – und sich damit eine begeisterte Gemeinde und ein erbittertes Lager von Gegnern geschaffen.

Beweggründe zur Rebellion

Ihre Streitlust hat Dorothee Sölle nie bezähmt, auch wenn sie ihr zum Nachteil gereichte und sie sich damit Karrierechancen verbaute. Unbegreiflich etwa für amerikanische Professoren-Kollegen, dass die promovierte und habilitierte, wissenschaftlich ausgewiesene Theologin in Deutschland auf keinen Lehrstuhl berufen wurde. Für Kenner deutscher Verhältnisse durchaus begreiflich: eine Frau ohne Respekt vor Amtsautoritäten und starren Lebensnormen, Sympathisantin einer »Kirche von unten«, Feministin, Pazifistin, dazu gefährliche Konkurrentin als Bestsellerautorin – das konnte nur außerhalb des universitären Milieus gut gehen.

Doch die Rebellin entsprach auch nicht der Norm der links-alternativen Szene. Sie war kein Arbeiterkind, das sich nach oben durchbeißen musste, sie gehörte nicht zu einer unterprivilegierten und verfolgten Minderheit, sie entstammte einer angesehenen Kölner Intellektuellenfamilie. Allerdings musste sie sich gegen drei ältere, dominierende Brüder behaupten, das hat ihre Findigkeit und ihre Schlagfertigkeit befördert. Klein und schmächtig war sie in der Schule, die Lehrerin nannte sie »Streichhölzchen«, nur mit Worten war sie ihren Mitschülerinnen überlegen. Groß und kräftig wäre sie gern gewesen, am liebsten ein Junge, der »für Deutschland reitet«. Die Faszination des Mythos Deutschland wirkte auf die 15-Jährige stärker als die nüchterne Skepsis des Elternhauses allem Nationalsozialistischen gegenüber. Dass ihr Vater »Vierteljude« war, blieb ein Familientabu. »Luftschutzkeller« und »Hamsterfahrten« sind Schlüsselwörter jener Tage. Mit Hamstern hatten die Nipperdey-Kinder kein Glück, für Bücher und Opernpartituren rückte niemand eine Speckseite heraus. »Ich fror in den abgetragenen Mänteln meiner Brüder«, schreibt Dorothee Sölle in ihren Erinnerungen. 1944 brannte das Elternhaus aus und der Mythos Deutschland verbrannte mit.

Evakuierung nach Thüringen. In Jena am 3. Mai 1945 Eintrag ins Tagebuch: »Der große Krieg geht seinem Ende zu. Der Führer ist an der Spitze der restlichen Truppen in Berlin im Kampf gegen den Bolschewismus gefallen ... Ich bemühe mich, nicht daran zu denken. Ich lese und lerne Hölderlin, Shakespeare und Sophokles.« – Aber Hölderlin ist kein Beruhigungsmittel. Die 16-Jährige empört sich über die Entnazifizierung und politische Erziehung durch die Sieger – und schreibt erste Protestbriefe.

Sie entdeckt Heidegger und berauscht sich an dem Satz: »Dasein ist das Hineingehaltensein in das Nichts.« Dann hört sie Sartre: »Ich bin meine Freiheit!« – Neugierig hilflose Suchbewegungen. »Niemand hatte mir geholfen, die deutsche Katastrophe als die deutsche Befreiung zu begreifen. Im Zusammenbruch war nicht nur das Dritte Reich zusammengestürzt, sondern auch die Welt, die es nicht aufhalten oder hindern konnte, die Welt des deutschen Bürgertums.«

Am 9. Juni 1948 nach der Lektüre von Wolfgang Borcherts *Draußen vor der Tür* der Eintrag im Tagebuch: »Sind wir nicht immer alle ›draußen vor der Tür‹? Da schlägt man wie ein Irrsinniger gegen die Tür, aber sie ist zu. Es gibt keine Antwort.« Weder das Studium der klassischen Philologie noch der Philosophie in Köln und Freiburg geben ihr diese Antwort. Sie schreibt: »Der Nihilismus jener Jahre hatte mich hungriger gemacht. Aus einer Krise erwachend, fing ich endlich an, eine andere Form des Lebens zu suchen. Ich studierte Theologie, um ›die Wahrheit herauszubekommen‹. Man hatte sie mir lang genug vorenthalten. Langsam nistete sich ein radikales Christentum in mir ein.«

Sie liest Kierkegaard und Bonhoeffer. Doch: »Was mich eigentlich in die Theologie gebracht hat, war Christus.« 1954 schließt sie ihr Theologie- und Germanistikstudium in Göttingen mit dem Staatsexamen ab, schreibt noch im selben Jahr bei Wolfgang Kayser eine literaturwissenschaftliche Dissertation und heiratet den Maler Dietrich Sölle. Während sechs Jahren unterrichtet sie Religion und Deutsch an einem Kölner Mädchengymnasium. In diese Zeit fällt die Geburt des Sohnes Martin und der Tochter Michaela. Vor der Geburt des dritten Kindes, Caroline, gibt sie die Schule auf und arbeitet freiberuflich für Rundfunk und Zeitschriften weiter.

Ihre eigentliche politische Zeit beginnt: Dass die SPD mit dem Godesberger Programm einer Wiederbewaffnung zustimmte, hat ihr einen Schock versetzt. Sie beteiligt sich an den Ostermärschen und bekommt Kontakt zu christlichen Widerstandsgruppen. Als Studienrätin im Hochschuldienst lehrt sie ab 1964 an der Universität Köln. Nur zwei Tage die Woche, aber an diesen zwei Tagen wird Tochter Michaela regelmäßig krank und die Mutter geht mit schlechtem Gewissen aus dem Haus. Ihre Künstlerehe wird nach zehn gemeinsamen und doch nicht gemeinsamen Jahren geschieden, sie ist nun alleinerziehende Mutter mit drei kleinen Kindern – ein psychologisches und ein logistisches Problem, das Flexibilität und vollen Einsatz erfordert. Trotzdem nimmt sie sich noch Zeit für politische Aktionen.

Die Politischen Nachtgebete – ein Ventil für aufgestauten Unmut

1968, auf dem Höhepunkt der Studentenrevolte und des Vietnamkrieges, initiiert Dorothee Sölle gemeinsam mit einigen evangelischen und katholischen Freunden ein ökumenisches Nachtgebet, geleitet von der Überzeugung, dass sich die Kirchen nicht aus den politischen Entwicklungen heraushalten dürfen, dass sie zum Protest gegen Krieg und Menschenrechtsverletzungen verpflichtet sind. Gebete und Gottesdienste ohne politische Konsequenzen seien Heuchelei, argumentieren sie. Sie wollen im Gottesdienst politisch informieren und über aktuelle Probleme diskutieren, die nicht nur Christen auf den Nägeln brennen: Vietnam, falsch verstandene Entwicklungshilfe, Beziehung zur DDR, autoritäre Strukturen in der Kirche, Frauendiskriminierung, Strafvollzug – lauter heiße Eisen, bewusste Provokationen, die Gegenreaktionen herausfordern.

Der Kölner Kardinal Frings hält für diese auf großes Interesse stoßenden Politischen Nachtgebete von Anfang an alle Kirchentüren geschlossen. Der Kölner Schriftsteller Heinrich Böll reagiert auf dieses Verbot empört, nennt den Vorwurf, Politik gehöre nicht in die Kirche, eine »geradezu absurde Frechheit«. Er macht mit bei einem Protestmarsch durch die Kölner Innenstadt, der – verbotenerweise – im Kölner Dom endet. Auch in der evangelischen Kirche sind die Nachtgebete höchst umstritten. Wo liegt die Toleranzgrenze, wenn sich Fürbitten in Polemik äußern? Wenn Evangelientexte ergänzt und umgeschrieben werden? – Die beiden großen Kirchen verhielten sich nach Ansicht der Initiatorin Sölle »bemerkenswert einmütig«: Raumverbote, Druck auf die Massenmedien, Versetzung oder Nichteinstellung von beteiligten Pfarrern, Hetzkampagnen, die in einigen Fällen zu Telefonterror führen ... Sölles Kinder müssen sich anhören, ihre Mutter sei eine »Kommunistensau«.

Die Initiatoren lassen sich nicht einschüchtern. Mit ihnen sympathisierende evangelische Pfarrer stellen Kirchenräume zur Verfügung – und sind vom Andrang überrascht. Längst vor Beginn der Nachtgebete füllen sich die Kirchenbänke bis auf den letzten Platz, die Menschen strömen von weither zusammen, sei's aus religiösem Bedürfnis, aus Solidarität mit den Veranstaltenden oder aus Neugier. Bald müssen die wöchentlichen Nachtgebete auf zwei Abende ausgedehnt werden, auch in anderen Städten bilden sich spontan Gruppen, die Nachtgebete, oft mit prominenten Eingeladenen, gestalten. Und überall sind die Kirchen in dieser politisch aufgeladenen 68er-Zeit voll wie sonst nur an Weinachten: Alte und Junge, Gläubige und Suchende, Männer und Frauen.

Frauen in der Überzahl. Auffallend viele Jüngere, zum Teil im lila Gewand, die sich in den Diskussionen als Vertreterinnen der feministischen Theologie vorstellen. Sie haben Sölles Aufsätze zur Befreiungstheologie und zum Ökofeminismus gelesen, möchten mit ihr darüber diskutieren, aber die feministische Theologin kann nicht überall gleichzeitig sein. Wer das Glück hat, sie live zu hören, wird von ihr erfahren, dass sie im Gegensatz zu den Radikalfeministinnen Feminismus und Ehe für durchaus vereinbar hält. »Bei aller Kritik am Patriarchat ist mein Feminismus nicht separatistisch, was die Männer angeht«, sagt sie. Sie hält Separatismus für eine Übergangsphase, die für die Selbstfindung der Frauen wichtig sein kann, aber danach müssten »die menschheitlichen Aufgaben wieder gemeinsam mit Männern angegangen werden«. Die von Feministinnen abgelehnte Abhängigkeit von einem Partner stört sie nicht, im Gegenteil, zu ihrem Menschenbild gehört gegenseitiges Angewiesensein im sexuellen, geistigen und emotionalen Bereich: »Das Leben in Ganzheit und der Wunsch nach Vereinigung oder Hingabe sind Vorteile bei der Vermenschlichung.« Und sie fragt provokativ, was denn aus dem Feminismus werden soll, wenn die Frauen sich – die andere Hälfte der Menschheit ausschließend – wie Rassisten verhielten?

Bei der Vorbereitung der Politischen Nachtgebete hat sie mit dem Benediktinermönch Fulbert Steffensky zusammengearbeitet, den sie zwei Jahre zuvor auf einer Tagung in Jerusalem kennenlernte und dem sie beim gemeinsamen Besuch des Grabes von Martin Buber näher gekommen ist. Aus dem politischen und weltanschaulichen Gleichklang ist eine enge persönliche Beziehung erwachsen, nach der Laisierung Steffenskys heiratet das Paar 1969. Im Jahr darauf wird die Tochter Mirjam geboren.

Neben Säuglingsbetreuung und Vorbereitung auf die Habilitation geht die politische Arbeit in der Friedensbewegung, vor allem der »Kampf gegen den Atomtod«, weiter. Der Dialog zwischen Christen und Marxisten, der 1968 durch den Einmarsch sowjetischer Truppen in Prag ein jähes und brutales Ende fand, verlagert sich in die Dritte Welt, nach Lateinamerika. Der Befürchtung, Christen machten sich zu »nützlichen Idioten« der Kommunisten, widerspricht Dorothee Sölle: »Die Christen wurden keineswegs im Dienste einer sich allwissend glaubenden Ideologie instrumentalisiert, eher umgekehrt: Christen benutzten die brauchbaren Instrumente der Befreiung, welche die marxistische Theorie bereitstellte.«

Der erste Versuch der unangepassten Wissenschaftlerin, sich an der philosophischen Fakultät der Universität Köln zu habilitieren, scheitert, sie fällt – vor 60 ausschließlich männlichen Fakultätsangehörigen – durch das mündliche Prüfungsgespräch. Das hat es seit 1945 in Köln nicht gegeben. Ihr ironischer Kommentar: »Ich hatte die einfachsten Regeln der deutschen Universität nicht gelernt: Wenn du schon das Unglück hast, eine Frau zu sein, dann musst du dich anpassen, unterordnen. Die Themen, die du auswählst, müssen absolut wissenschaftlich sein; die Methoden, die du brauchst, müssen sich den herrschenden angleichen.« Sie aber sucht eine andere Art des Schreibens und Lehrens: »Ich wollte meine Bücher nicht durch unnötige Fußnoten belasten. Ich wollte nicht mein Wissen dokumentieren, sondern meinen Denkprozess.«

Das gelingt ihr in Amerika. Nach dem zweiten, geglückten Anlauf zur Habilitation und nach einem Lehrauftrag an der Theologischen Fakultät der Universität Mainz wird sie 1975 auf den Lehrstuhl für Systematische Theologie am Union Theological Seminary in New York berufen. Mit Mann und zwei Kindern – zwei sind schon flügge – und einer Menge kultursnobistischer Vorurteile macht sie sich in die neue Welt auf – und sieht ihre Klischeevorstellung enttäuscht. Sie erlebt Offenheit, Entgegenkommen, Neugier. Während deutsche Studenten in den Vorlesungen nach Schwachstellen suchen, wo Kritik ansetzen könnte, empfindet sie die pragmatische Haltung in Amerika wie ein heilsames Kontrastprogramm: »Hier fragte man: Du hast uns also einen Schlüssel mitgebracht, welche Türen können wir denn damit aufschließen?« Sie empfindet bei Studenten und Professoren weniger Konkurrenzdruck als in Deutschland und eine geringere »Entfremdung« vom Leben durch das Studium.

Auch in der amerikanischen Friedensbewegung fühlt sie sich vom ersten Augenblick an zu Hause. Während in Deutschland die pazifistisch bürgerrechtliche Bewegung und das Christentum oft weit voneinander entfernt sind und sie sich unter Sozialisten entschuldigen muss, Theologin zu sein, ist in Amerika die politische Radikalität aus dem Christentum erwachsen und geht mit ihm zusammen.

Zwölf Jahre amerikanische Hochschulerfahrung, ein Jahr Gastprofessorin in Kassel, ein Jahr in Basel. Ehrendoktorin der Faculté Protestante, Paris und der Episcopal Divinity School in Cambridge/Mass., 1994 Ehrenprofessur in Hamburg – aber keine Berufung als ordentliche Professorin auf einen deutschen Lehrstuhl. Woran liegt's?

Nicht an der wissenschaftlichen Qualifikation, die hat sie durch etliche theologische Fachpublikationen bewiesen. Nicht an der Fähigkeit, vor großem Auditorium sicher aufzutreten, das zeigen ihre Kirchentagspredigten. Nicht am internationalen Renommee, besonders in Amerika. Nein, die Nichtberufung, so darf vermutet werden, hat politische Gründe, staatspolitische, kirchenpolitische, hochschulpolitische: Eine Frau, die als »Missionarin des Friedens« nach Nordvietnam und Nicaragua reist, die nach Sitzblockaden in Mutlangen und Fischbach wegen »Nötigung« und »versuchter Nötigung« verurteilt wird. Eine Frau, die einen »anderen Protestantismus« fordert und kirchenkritische Aktionen initiiert. Eine Frau, die Fakultätsgrenzen aufweicht und »unwissenschaftliche« Methoden in die Universität einschleppt. Und – besonders provokativ – eine Frau, die mit Sachbuch-Bestsellern Auflagenhöhen erreicht, von denen die meisten Professoren und Politiker nur träumen können ...

Mystik des Todes

Nach akademischen Ehren strebt Dorothee Sölle in den letzten Jahren nicht mehr, das Bücherschreiben ist ihr wichtiger, nicht nur theologische Abhandlungen, auch meditative Texte und Lyrik. Der Gattung der Politpoesie, die sie bei Bert Brecht und ihrem Freund Erich Fried schätzte, fügt sie die »Theopoesie« an, ihr großes Vorbild ist Ernesto Cardenal, der Dichter und Priesterrebell aus Nicaragua, in dessen Psalmen sich Himmel und Erde spiegeln. Auch sie möchte mit ihren Texten die Menschen anrühren, versteinerte Herzen aufbrechen, *das Eis der Seele spalten*, wie eines ihrer Bücher heißt.

Immer schon waren ihr die Mystiker, Meister Eckhart vor allem, nahe. Nach schwerer Krankheit im Winter 1993/94 hat sie sich noch intensiver mit deren Werken befasst. In ihrem letzten Vortrag, wenige Tage vor ihrem Tod, ging es um den mystischen Weg zum Glück, um das staunende Entdecken der Welt und um das Loslassenkönnen, die mystische Erfahrung, die »hauslos« macht – und frei. Über die Mystik des Todes wollte sie noch ein Buch schreiben, über die heitere Kunst des Loslassens.

Der Gedanke an den Tod hat sie nie geschreckt. Sie sah sich als Teil der Natur, ein Blatt, das fällt und vermodert, »und dann wächst der Baum weiter, und das Gras wächst, und die Vögel singen, und ich bin ein Teil dieses Ganzen. Ich bin zu Hause in diesem Kosmos ...«

Einem ihrer Bücher hat Dorothee Sölle den Grabspruch des jüdischen Religionsphilosophen Martin Buber vorangestellt, der auch ihr Zuversicht gab:

Und doch bleibe ich stets bei Dir,
meine rechte Hand hast Du erfasst.
Mit Deinem Rate leitest Du mich,
und danach nimmst Du mich in Ehre hinweg.
PSALM 73, 23-24

Die Blutspur der RAF

ULRIKE MEINHOF
(1934–1976)

> »Schießenderweise verändert man nicht die Welt, man zerstört sie.«
> Wenige Jahre später:
> »Die Bullen sind Schweine, und natürlich kann geschossen werden.«
>
> ULRIKE MEINHOF

Welch radikaler Gesinnungswandel von der pazifistischen Studentin zur RAF-Terroristin. Wie konnte es dazu kommen? Eine Frage, die sich nach dem Tod Ulrike Meinhofs im Mai 1976 viele Menschen in Deutschland stellten. Nicht nur bei Ulrike Meinhof, auch bei der Pfarrerstochter Gudrun Ensslin und anderen Mitgliedern der »Rote-Armee-Fraktion« (RAF), die aus gutbürgerlichen Elternhäusern stammten und zu kaltblütigen Mördern wurden. Die RAF und ihre brutalen, gezielten Mordanschläge gegen Führungspersönlichkeiten in der Bundesrepublik machten immer wieder Schlagzeilen, warfen Fragen auf, Kritik an der Polizei, der Justiz und am Strafvollzug: den einen war alles zu hart, den andern zu lasch.

Ein Film holt die RAF
ins Gedächtnis zurück

Im Herbst 2008 ist die Geschichte der RAF plötzlich wieder präsent. Der von Bernd Eichinger produzierte Film *Der Baader Meinhof Komplex*, gedreht nach dem gleichnamigen Buch von Stefan Aust, bringt das Jahrzehnt der Terroranschläge all denen wieder in Erinnerung, die damals – wenigstens am Fernseher – Zeitzeugen waren. Allerdings liefert der Film kaum Hintergrundinformationen, für viele der ins Kino strömenden Jugendlichen ist er nichts weiter als ein spannender Politthriller mit Verfolgungsjagden, Überfällen und ballernden Flintenweibern mitten im Rhein-Main-Gebiet.

Die Story beginnt 1968 mit Brandstiftungen von Linksaktivisten um Andreas Baader und Gudrun Ensslin in zwei Frankfurter Kaufhäusern als Protest gegen den »Völkermord in Vietnam«. Die Brandstifter werden rasch gefasst und verurteilt. Die Journalistin Ulrike Meinhof berichtet über den Prozess und lernt dabei Baader und Ensslin persönlich kennen. Nach dem Attentat auf Rudi Dutschke, mit dem sie befreundet ist, beginnt ihre politische Radikalisierung. Sie will nicht nur über den Kampf gegen den Imperialismus schreiben, sie will sich an diesem Kampf aktiv, auch mit der Waffe, beteiligen. Ihren »Einstand« gibt sie 1970 bei der Befreiung Baaders aus der Haft. Seither wird sie steckbrieflich gesucht, beteiligt sich im Untergrund an Banküberfällen und Bombenanschlägen und verfasst Kampfschriften der RAF. Nach ihrer Verhaftung im Juni 1972 und einer achtmonatigen Isolationshaft in der Justizvollzugsanstalt Köln wird sie im November 1974 zu acht Jahren Freiheitsstrafe verurteilt und ins Gefängnis Stuttgart-Stammheim eingewiesen. Dort wird sie am 9. Mai 1976 erhängt in ihrer Zelle aufgefunden. Selbstmord lautet das amtliche Untersuchungsergebnis, das von Angehörigen und Sympathisanten der RAF angezweifelt wird.

Das Morden geht nach Ulrike Meinhofs Tod weiter, noch gezielter, noch professioneller. Eine zweite Generation von RAF-Terroristen übernimmt die Führung. Christian Klar und Brigitte Mohnhaupt werden für vier 1977 verübte Anschläge verantwortlich gemacht: Im April werden in Karlsruhe Generalbundesanwalt Siegfried Buback und zwei seiner Begleiter von einem vorbeifahrenden Motorrad aus erschossen. Im Juli wird Jürgen Ponto, Chef der Dresdner Bank, in seinem Haus in Oberursel ermordet. Im September verschleppen Klar und Mohnhaupt in Köln den Arbeitgeber-Präsidenten Hanns-Martin Schleyer und erschießen dessen Fahrer und drei Leibwächter. Mit der Drohung, auch Schleyer zu töten, sollen die in Stammheim inhaftierten Baader, Ensslin und Jan-Carl Raspe freigepresst werden. Ihre Forderung wird von palästinensischen Terroristen unterstützt, die eine Lufthansa-Maschine mit 91 Passagieren gekapert haben. Sie werden auf dem Flughafen von Mogadischu von einer deutschen Polizei-Elitetruppe überwältigt, dabei kommen drei Terroristen ums Leben. Baader, Ensslin und Raspe sehen keine Hoffnung auf Befreiung mehr und begehen Selbstmord.

So weit der Film, der ein knappes Jahrzehnt RAF-Geschichte umfasst. Doch mit dem Tod der Gründergeneration und der Verurteilung ihrer Nachfolger ist die Rote-

Armee-Fraktion noch nicht am Ende. Eine dritte Generation zieht die Blutspur weiter mit der Ermordung des Siemens-Managers Karl Heinz Beckurts, des Chefs der Deutschen Bank Alfred Herrhausen und des Treuhand-Vorsitzenden Detlev Karsten Rohwedder. Erst im April 1998 löst sich die RAF endgültig auf.

In die durch den Film *Der Baader Meinhof Komplex* wieder aufgeflammte Diskussion über die RAF platzt im Dezember 2008 die Nachricht von Christian Klars vorzeitiger Entlassung aus der Haft. Die Emotionen gehen hoch. Wie kann ein führender Kopf der RAF, der auch nach 26 Jahren Gefängnis keinerlei Reue und Einsicht erkennen lässt, der den Angehörigen der Mordopfer die kalte Schulter zeigt, auf freien Fuß gesetzt werden? Einer, der wegen neunfachen Mordes und elffachen Mordversuchs verurteilt ist? – Die Justiz urteilt nach Recht und Gesetz, nicht nach Volkes Stimme, lautet die Antwort. Das ist vor allem für die den Opfern Nahestehenden schwer nachvollziehbar. Genauso schwer fällt es, das Abrutschen eines jungen Menschen aus geordneten Verhältnissen in den Terrorismus zu verstehen. Bei Ulrike Meinhof zum Beispiel. Hätte sich diese Entwicklung voraussehen und verhindern lassen?

Alle, die Ulrike Meinhof in ihrer Jugendzeit kannten, haben ein positives Bild von ihr in Erinnerung und hätten ihre Wandlung zur Terroristin nie für möglich gehalten. Keinerlei Auffälligkeiten in der Kindheit lassen auf ihre spätere Kaltblütigkeit schließen. Im Gegenteil, sie gilt als ausgesprochen hilfsbereit und mitfühlend, ausgestattet mit einem starken Gerechtigkeitssinn. Die Eltern legen großen Wert auf eine von christlichen Werten und Normen geprägte Erziehung. Sie sind im Dritten Reich einer evangelischen Freikirche beigetreten, die eine staatliche Einmischung in religiöse Fragen ablehnt. Für die kleine, am 7. Oktober 1934 in Oldenburg geborene Ulrike gehören Tisch- und Abendgebet zum Tagesablauf wie Essen und Spielen.

Noch bevor sie in die Schule kommt, erhält der Vater eine Stelle als Kunsthistoriker am Stadtmuseum Jena und die Familie zieht in die Saalestadt um. Der Vater stirbt kurz darauf an Krebs. Die noch junge Mutter entschließt sich, neben der Betreuung ihrer beiden kleinen Töchter ein Studium der Kunstgeschichte aufzunehmen. Sie freundet sich mit einer älteren Kommilitonin an, die bald bei den Meinhofs mit einzieht und zu einer mütterlichen Vertrauten für Ulrike wird.

Nach den entbehrungsreichen Kriegsjahren in Jena zieht es Ingeborg Meinhof und die Freundin Renate Riemeck aufs Land, ins Fichtelgebirge, eine vom Krieg weitgehend unberührte Landschaft. Doch schon 1946 erhält die Freundin als promovierte Historikerin eine Dozentinnenstelle an der Pädagogischen Hochschule in Oldenburg und die Meinhofs lassen sich gemeinsam mit ihr wieder in Ulrikes Geburtsstadt nieder. Ulrike besucht das Gymnasium, spielt Geige und gilt als ausgesprochen kommunikativ. Sie ist 14, als auch die Mutter stirbt – ein schwerer Schock für sie und ihre drei Jahre ältere Schwester Wienke. Renate Riemeck übernimmt die Vormundschaft für die beiden Mädchen.

Renate Riemecks Einfluss

Die weitere Entwicklung Ulrikes wird in den verfügbaren Biografien unterschiedlich und selektiv dargestellt, je nachdem aus welcher politischen Ecke die Schreibenden kommen und wie nahe ihnen Ulrike Meinhof steht. Während Jutta Ditfurth das Verhältnis Ulrikes zu ihrer Pflegemutter als konfliktbeladen und von Verboten geprägt schildert, betonen andere Autoren das gute und vertrauensvolle Verhältnis zu Renate Riemeck. Deren pazifistische Gesinnung teilt die Pflegetochter, ohne jedoch selbst in den Kampagnen gegen die Wiederbewaffnung der Bundeswehr oder gegen Atomrüstung aktiv zu werden. Die mehr an Glaubensfragen und Fragen sozialer Gerechtigkeit Interessierte hat zwar eine Schülerzeitung gegründet und ist eine geschickte Formuliererin, möchte aber eigentlich Musik studieren ...

Fest steht, dass Ulrike Meinhof, nachdem Renate Riemeck einen Ruf an die Pädagogische Hochschule Wuppertal angenommen hat, dort eine Zeitlang die Rudolf-Steiner-Schule besucht. Abitur macht sie am Philippinum in Weilburg und beginnt danach mit einem Pädagogikstudium in Marburg mit dem Berufsziel Lehrerin. Daneben belegt sie Vorlesungen und Seminare in Philosophie, Soziologie und Germanistik.

Eine Verlobung ausgerechnet mit einem Kernphysiker und Katholiken – zwei Feindbilder der Atomgegnerin und Romkritikerin Riemeck – geht nach kurzer Zeit in die Brüche. Gefördert durch die Studienstiftung des deutschen Volkes macht sie sich an eine pädagogische Dissertation, die sie allerdings nie beendet. Moralische Fragen treiben sie um, vor allem der Gedanke, warum ihre Eltern nichts gegen Hitler unternommen haben. Sie will alles daran setzen, dass man sich solche Fragen nie wieder stellen muss – und gerät von der moralisch-ethischen Ebene mehr und mehr auf die politische, auf der Renate Riemeck als Mitbegründerin der Deutschen Friedens-Union agiert.

1957, nach dem Wechsel an die Universität Münster, wird die wortgewandte Studentin Sprecherin des Anti-Atomtod-Ausschusses, der aus dem Sozialistischen Deutschen Studentenbund hervorgegangen ist. Sie tritt dem SDS bei und profiliert sich als Artikelschreiberin in linken studentischen Blättern. Schon bald gilt sie als Expertin für Atomwaffenfragen und professionelle Organisatorin von Unterschriftensammlungen und Demonstrationen. Wegen der geplanten Stationierung von Mittelstreckenraketen mit Atomsprengköpfen in der Bundesrepublik fordert sie Kommilitonen und Bevölkerung zu einer Protestkundgebung auf, zu der sich über tausend Anti-Atom-Demonstrierende zusammenfinden – eine Sensation im »schwarzen« Münster. Mit drastischen Worten wirbt die Initiatorin für die Gründung eines Arbeitskreises »Kernwaffenfreies Deutschland«: »Wir wollen nicht, dass Hunderte von Millionen Menschen ermordet werden, wir wollen nicht, dass unsere Kinder als Idioten geboren werden, blind, mit durchlöcherten Knochen, bauchlos und ohne Beine, gehirnlos und was des Entsetzlichen mehr ist.«

Ihre Radikalisierung schreitet fort. Die SPD scheint ihr nicht mehr Garant für eine durchgreifende Friedenspolitik zu sein, sie tritt deshalb 1958 der vom Bundesverfassungsgericht verbotenen Kommunistischen Partei Deutschlands bei – was wohl nicht ganz im Sinne der Studienstiftung des deutschen Volkes sein dürfte, die ihr ein Stipendium gewährt.

Journalistische Entfaltung bei *konkret*

Auf dem Studentenkongress gegen Atomrüstung 1959 in Westberlin verlangt eine Gruppe um die von der DDR finanzierte Zeitschrift *konkret*, zu der auch Ulrike Meinhof gehört, Verhandlungen mit der von der Regierung Adenauer nicht anerkannten, immer mit dem Beiwort »sogenannten« versehenen Deutschen Demokratischen Republik. Die Journalistin Meinhof schreibt darüber in *konkret* ihre erste Kolumne: »Der Friede macht Geschichte«. Da ahnt sie noch nicht, dass auch sie bald Geschichte machen wird. Noch ist sie vom edlen Gedanken geleitet, einen Beitrag zur Rettung der Menschheit zu leisten. »Das typische evangelische Blockflötenmädchen«, spöttelt der Sozialwissenschaftler Reinhard Opitz.

1960 wird die strebsame Journalistin Chefredakteurin von *konkret*, heiratet im Jahr darauf den Herausgeber der Zeitschrift, Klaus Rainer Röhl, und bringt neun Monate später die Zwillinge Bettina und Regine zur Welt. In ihren *konkret*-Kolumnen lädt sie ihren Frust über die Politik und die Politiker ab, das bringt ihr Ärger ein und eine Geldstrafe von 600 DM, weil sie den CSU-Vorsitzenden Franz Josef Strauß als »infamsten deutschen Politiker« bezeichnet hat. Sie schreibt über alle möglichen Themen, die gerade aktuell sind und auch ihr auf den Nägeln brennen: Kalter Krieg, Antikommunismus, neue Karrieren alter Nazis, vor allem aber Vietnam. Für die neue Frauenbewegung hat sie sich nie besonders interessiert; sie bringt selbst genug in Bewegung, schreibt aber doch unter dem Titel *Frauen im SDS* eine grundlegende Betrachtung über die Rolle der Frauen im politischen Geschäft, die in der Berliner Frauenbewegung heftig diskutiert wird. Besonders die Passage über die wütenden SDS-Frauen, die den männlichen Platzhirschen auf einer Delegiertenkonferenz Tomaten an den Kopf werfen: »Die Männer, deren Anzüge (die Frauen wieder reinigen werden) bekleckert wurden, sollten gezwungen werden, über Sachen nachzudenken, über die sie noch nicht nachgedacht haben.« Zum Beispiel darüber, dass den Frauen »die ganze Last der Erziehung der Kinder zufällt, sie aber keinen Einfluss darauf haben, woher, wohin, wozu die Kinder erzogen werden. Sie wollen sich nicht mehr dafür kränken lassen, dass sie um der Kindererziehung willen eine schlechte, gar keine oder eine abgebrochene Ausbildung haben oder ihren Beruf nicht ausüben können, was alles seine Spuren hinterlässt ... Und es scherte die Frauen einen Käse, ob das, was sie zu sagen hatten, das ganz große theoretische Niveau hatte, das sonst im SDS anzutreffen ist ...«

Meinhofs Argumentation nähert sich jedoch immer stärker diesem theoretischen Niveau der Männer an und weicht gleichzeitig immer stärker von den Ansichten ihres Mannes ab. Das führt zu Differenzen in der Ehe, Frauengeschichten Klaus Rainer Röhls kommen dazu – Grund genug für Ulrike Meinhof, die Scheidung einzureichen.

Für die propagierte freie Liebe in den Kommunen der 68er hat die von tief sitzenden christlichen Moralvorstellungen Geprägte nichts übrig. Nachdem sie im gemeinsamen Haus in Hamburg-Blankenese in ihrer Wut einiges zerdeppert hat, zieht sie 1968 mit den beiden Kindern nach Berlin und arbeitet als Journalistin für das Fernsehmagazin *Panorama*, schreibt aber weiter Kolumnen für *konkret*.

Bei ihrer Berichterstattung über den Frankfurter Kaufhaus-Brandstifterprozess lernt sie die Hauptangeklagten Andreas Baader und Gudrun Ensslin kennen. Vor allem von Baader ist sie beeindruckt, von seiner Entschlossenheit, seinem Mut, ein Fanal gegen Kapitalismus und Imperialismus zu setzen. Den Brandanschlag heißt sie zwar nicht gut, ist aber mit dem Kommunarden Fritz Teufel der Ansicht, es sei »immer noch besser, ein Warenhaus anzuzünden, als ein Warenhaus zu betreiben«.

Nach dem Attentat auf ihren Gesinnungsfreund Rudi Dutschke schreibt sie am 11. April 1968 einen Kommentar in *konkret*, der ihre Entschlossenheit zeigt, sich nicht mehr an die Spielregeln einer Staatsmacht zu halten, die ihrerseits diese Spielregeln außer Kraft setzt: »Nun, da die Fesseln von Sitte und Anstand gesprengt worden sind, kann und muss neu und von vorne über Gewalt und Gegengewalt diskutiert werden … Gegengewalt läuft Gefahr, zu Gewalt zu werden, wo die Brutalität der Polizei das Gesetz des Handelns bestimmt, wo ohnmächtige Wut überlegene Rationalität ablöst, wo der paramilitärische Einsatz der Polizei mit paramilitärischen Mitteln beantwortet wird.« Und sie schließt mit dem lapidaren Satz: »Der Spaß hat aufgehört.«

Bewährung in der RAF

Ja, der Spaß hat aufgehört. Ulrike Meinhof schreibt für den Südwestfunk an einem Drehbuch über die autoritären Methoden der Heimerziehung: Weibliche Heiminsassen rebellieren gegen die herrschenden gesellschaftlichen Verhältnisse. Ihr Fernsehfilm *Bambule* gilt als Parabel für Herrschaft und Unterdrückung, Macht und Ohnmacht. Durch den Einblick in die Praxis der Fürsorgeerziehung wird ihre Kritik an sozialen Missständen in der Bundesrepublik immer schärfer. Sie möchte nicht nur schreiben, sie möchte handeln. Zeichen setzen wie die Guerillakämpfer um Baader und Ensslin. Sie möchte dazugehören, möchte den andern beweisen, dass sie nicht »nur« die Theoretikerin des Terrors ist.

Im Mai 1970 beteiligt sie sich an der gewaltsamen Befreiung Andreas Baaders aus dem Gefängnis. Dabei werden drei Menschen schwer verletzt. In einem späteren Tonbandinterview mit der französischen Journalistin Michèle Ray verteidigt Meinhof, die als Planerin der riskanten Befreiungsaktion gilt, den Gebrauch der Schusswaffe mit den Worten: »Wir sagen, der Typ in Uniform ist ein Schwein, kein Mensch ... Das heißt, wir haben nicht mit ihm zu reden, und es ist falsch, überhaupt mit diesen Leuten zu reden. Und natürlich kann geschossen werden.« – Ob ihr bewusst ist, dass die Nazis mit ähnlichen Worten Juden und andere »rassisch Minderwertige« zu Unmenschen stempelten, die ohne Skrupel abgeknallt oder vergast werden konnten?

Dieser 14. Mai 1970, an dem Ulrike Meinhof gemeinsam mit andern »Befreiern« auf der Flucht vor der Polizei aus einem Fenster springt und untertaucht, gilt als Gründungsdatum der Roten-Armee-Fraktion. Die Beteiligten werden steckbrieflich gesucht und tauchen in Jordanien unter. Dort werden sie in einem Lager der palästinensischen Guerillas für den bewaffneten Kampf ausgebildet. Zurück in der Bundesrepublik setzt die RAF, wie sich die Terrorgruppe nun in Bekennerschreiben nennt, das Gelernte in die Praxis um. Ulrike Meinhof ist an mehreren Banküberfällen und Sprengstoffanschlägen beteiligt. In Frankfurt, Augsburg, Karlsruhe, auf den Springer Verlag in Hamburg und auf das US-Hauptquartier in Heidelberg werden Bombenanschläge verübt, zu denen sich die RAF bekennt. Die Angst vor Terroranschlägen geht um in der Bundesrepublik.

Erst im Juni 1972 gelingt es der Polizei nach Hinweisen aus der Bevölkerung, Andreas Baader und die ebenfalls zum harten RAF-Kern gehörenden Holger Meins und Jan-Carl Raspe in Frankfurt festzunehmen. Baader wird dabei vor einer Garage, die er mit den Komplizen zu einer Bombenwerkstatt und einem Waffenlager ausgebaut hat, angeschossen. Ulrike Meinhof wird wenig später in einer Mietwohnung in Hannover-Langenhagen nach heftiger Gegenwehr verhaftet. Der Hausbesitzer hatte Verdacht geschöpft und die Polizei benachrichtigt, nachdem Meinhof und ein ebenfalls gesuchter Komplize die Wohnung gewaltsam aufgebrochen hatten.

Die Terroristen werden in die Justizvollzugsanstalt Köln-Ossendorf überführt und isoliert voneinander in einem Hochsicherheitstrakt untergebracht. Ulrike Meinhof protestiert gegen diese in ihren Augen unmenschliche

Isolationshaft. Es gelingt ihr, einen Brief aus dem »Toten Trakt« zu schmuggeln. Darin schildert sie ihre sich über Monate steigernde desolate Verfassung, das Gefühl, der Kopf explodiere und sie brenne innerlich aus. Ihre Sprachgewandtheit ist noch intakt, wenn sie über lange Passagen ihre Selbstbeobachtungen reflektiert: »Rasende Aggressivität, für die es kein Ventil gibt. Das ist das Schlimmste. Klares Bewusstsein, dass man keine Überlebenschance hat; völliges Scheitern, das zu vermitteln. Besuche hinterlassen nichts ...« Am Ende des Briefes hat sie »das Gefühl, es sei einem die Haut abgezogen worden«. Der fotokopierte Brief wird in der Sympathisantenszene herumgereicht und ruft Erschütterung hervor und Wut auf die für die Haftbedingungen Verantwortlichen.

Im Mai 1973 tritt Ulrike Meinhof gemeinsam mit den übrigen inhaftierten RAF-Mitgliedern in Hungerstreik, um bessere Haftbedingungen zu erzwingen. Im Jahr darauf, als es um die RAF schon etwas ruhiger geworden ist, nehmen sie den Hungerstreik wieder auf und erreichen ein breites Presseecho. Im Oktober 1974 erhebt der Generalbundesanwalt Anklage gegen den harten Kern der RAF, zu dem Baader, Meins und Raspe gehören – und die beiden Frauen Meinhof und Ensslin. Zweieinhalb Jahre nach ihrer Festnahme wird Ulrike Meinhof wegen Mordversuchs bei der Baader-Befreiung und wegen der Beteiligung am Sprengstoffanschlag auf das Stammhaus des Axel Springer Verlages in Hamburg zu acht Jahren Freiheitsstrafe verurteilt und in den Hochsicherheitstrakt des Gefängnisses Stuttgart-Stammheim überführt.

Stammheim und das Ende

In Stammheim gibt es keine Isolationshaft mehr, dafür den Psychoterror der übrigen RAF-Häftlinge. Sie lassen die Intellektuelle spüren, dass sie eigentlich kein richtiges Kadermitglied ist, unfähig, alle Außenkontakte abzubrechen und ganz in der RAF-Gemeinschaft aufzugehen. Ulrike Meinhof hat bis dahin den Kontakt zu ihren Töchtern aufrecht erhalten, gibt ihn nun aber unter dem Druck der Gruppe auf. Die Zwillinge werden nicht, wie vielfach vermutet, in einem palästinensischen Lager für Waisenkinder gefangen gehalten, sondern leben in einem Versteck auf Sizilien, aus dem sie der Journalist Stefan Aust nach Deutschland zurückholt, um sie in die Obhut des Vaters zu geben. Die Mutter hat sich vergeblich um das Sorgerecht bemüht, wie sollte sie vom Gefängnis aus für die Kinder sorgen können?

Im Mai 1975 findet der berühmt-berüchtigte Stammheimer Prozess vor dem Oberlandesgericht Stuttgart statt. Den Angeklagten Baader, Meinhof, Ensslin und Raspe werden fünf Morde, 54 Mordversuche, eine Reihe Sprengstoffanschläge und Banküberfälle zur Last gelegt. In den erst vor einiger Zeit aufgetauchten Stammheimer Protokollen beschweren sich die Angeklagten über die Haftbedingungen und den Prozessverlauf. Raspe führt die psychosomatischen Schäden, die bei Ulrike Meinhof sichtbar würden, auf die lange Isolationshaft zurück. Tatsächlich wirken Meinhofs Aussagen wirr und äußerst unkonzentriert, wie ein Protokoll vom 10. März 1976 zeigt. Mit undeutlicher Stimme beschuldigt sie das Gericht, Baaders

Wahlverteidiger bei diesem »Polizeigerichtsverfahren« nicht zugelassen zu haben: »Bei Andreas sind Croissant, Ströbele, Groenewold ausgeschlossen worden ... und auf einem Weg, und aus dem ganzen Verfahren ausgeschlossen, auf einem, auf dem Weg einer Interpretation, die das Gesetz, äh, und, also dann noch mal um den Fall Andreas, um die Sach ..., um dieses Ziel, bei Andreas alle Anwälte wegzuknallen, gebogen worden ist ... Das Ziel hat eben mit allen diesen albernen und lächerlichen Begründungen, Bundesverfassungsgericht und so nem Scheiß, überhaupt nichts zu tun ...« Ob die Verwirrung der Gedanken und der allmähliche Zerfall der Persönlichkeit allein auf die Isolationshaft zurückzuführen ist, bleibt strittig.

Zwei Monate später ist Ulrike Meinhof tot. Ein Justizbeamter findet sie am 9. Mai 1976 erhängt an ihrem Zellenfenster mit einem in Streifen gerissenen, verknoteten Handtuch. Die offizielle Obduktion kommt zum Ergebnis, dass der Tod nicht durch Fremdeinwirkung erfolgt ist. Eine zweite, von der Schwester der Toten veranlasste Untersuchung durch einen Hamburger Gerichtsmediziner bestätigt den Befund. Mitglieder der RAF und Sympathisanten bezweifeln den Selbstmord, auch eine internationale Untersuchungskommission hält Fremdeinwirkung nicht für ausgeschlossen. Das gibt wilden Gerüchten Auftrieb: Wer hätte ein Interesse am Tod der Terroristin? Noch nicht gefasste RAF-Mitglieder, die Verrat fürchten? Angehörige der ermordeten Opfer? Der Staat, der keine Guerillakämpfer im eigenen Land dulden will und dulden kann?

Der Tod Ulrike Meinhofs – Mord oder Selbstmord? – macht Schlagzeilen in den Medien. Das hat zur Folge, dass etliche angefragte Gemeinden sich weigern, eine Grabstätte für die tote RAF-Kämpferin zur Verfügung zu stellen. Auf dem Dreifaltigkeitsfriedhof in Berlin-Mariendorf kann die Tote schließlich am 15. Mai 1976 bestattet werden. Die Trauerfeier gestaltet sich zu einer Großdemonstration gegen Justiz und Polizei. Aus ganz Deutschland und dem Ausland sind an die 4.000 Sympathisanten angereist, um ihre Solidarität mit der Toten und den Zielen der RAF zu bekunden. Die Traueransprache hält der evangelische Theologe Helmut Gollwitzer, ein Freund Rudi Dutschkes und Ulrike Meinhofs. Er heroisiert die Tote nicht, wenn er sie mit den Worten charakterisiert: Sie war »ein Mensch mit einem schweren Leben, der sich das Leben dadurch schwer gemacht hat, dass er das Elend anderer Menschen sich so nahegehen ließ«.

Fragen danach

Wer Ulrike Meinhofs Lebensweg zurückverfolgt, stellt sich unwillkürlich die Frage, was eine hochbegabte Studentin in diesen blinden Hass gegen den Staat und seine Institutionen, gegen die etablierte Gesellschaft, deren Teil sie war, getrieben hat. Was hat sie bewogen, alle Brücken zu ihrer bisherigen Welt abzubrechen, auch zu ihren Töchtern und zu Renate Riemeck, deren politische Radikalität sie doch teilte?

Alice Schwarzer hat mit der vom Hochschuldienst suspendierten Renate Riemeck ein Gespräch geführt, das eine mögliche Erklärung für das Verhalten ihrer Ziehtochter bieten könnte: Ulrike sei von ihren Weltverbesserungsideen getrieben zur Kämpferin geworden. Ihr Mitmachen bei der Baader-Befreiung sei eine Kurzschlusshandlung gewesen, ein Versuch, ihre Solidarität zu beweisen. Danach habe sie nicht mehr zurück gekonnt. Auf Kontakte habe sie unter dem starken Gruppenzwang verzichtet. Kontakte zu Riemeck habe sie wahrscheinlich nicht aufgenommen, um sich nicht rechtfertigen zu müssen. Sie habe schon 1969 einen müden, resignierten und auch wankelmütigen Eindruck gemacht und geäußert, es habe alles keinen Zweck mehr … Renate Riemeck schrieb ihr damals: »Ich weiß nicht, wie weit dein Einfluss innerhalb der Gruppe reicht, wie weit deine Freunde rationalen Überlegungen zugänglich sind. Aber du solltest versuchen, die Chancen von bundesrepublikanischen Stadtguerillas einmal an der sozialen Realität dieses Landes zu messen.«

Noch von einer anderen, ziemlich erstaunlichen Geschichte berichtet Renate Riemeck ihrer Gesprächspartnerin Schwarzer: 1971, Monate vor der Verhaftung Ulrike Meinhofs, habe ein Beamter des Bundeskriminalamtes sie besucht und ihr ein Treffen mit der steckbrieflich Gesuchten vorgeschlagen. Sie sollte Ulrike raten, ins Ausland, eventuell nach Kuba zu gehen, denn die RAF werde zusammenbrechen, »wenn Ulrike aus der Gruppe herausgebrochen wird«. – Wusste das BKA tatsächlich, wo sich die Gesuchte versteckt hielt? War es eine Finte, um Frau Riemeck zum Reden zu bringen? Oder hat sich die Story so nie abgespielt?

Eine andere Biografin, Jutta Ditfurth, sieht nicht so sehr hehre Weltverbesserungspläne Meinhofs als Auslöser ihres Ausstiegs aus der bürgerlichen Gesellschaft, sondern mangelnde Anerkennung, Enttäuschung über den geringen Erfolg ihrer Aktionen beim SDS in Münster, ihre Abstempelung als Rabenmutter, ihre gescheiterte Ehe, ihr Zwang, sich beweisen zu müssen, indem sie Autos knackte und Banken überfiel.»Sie zerbrach innerlich auch daran, als bekannte Journalistin weder bei *Spiegel*, *Panorama*, *konkret* oder im Radio noch im politischen Widerstand etwas an den reaktionären Verhältnissen im Lande ändern zu können ...«

Die Meinhof-Tochter Bettina Röhl, auch sie Journalistin, führt nicht die Psyche ins Feld, wenn es um die Veränderungen ihrer Mutter geht, sondern weist, wie ihr Vater Klaus Röhl, auf einen möglichen klinischen Grund hin: Ihre Mutter sei 1962 wegen eines Gehirntumors operiert worden, seither habe sie sich stark verändert, sei aggressiver und sexuell gefühllos geworden. Dass sie »klinisch krank« gewesen sei, bestätigt auch Stefan Aust, der mit den Meinhof-Röhlschen Familienverhältnissen gut vertraut war.

Bernhard Schlink, Verfassungsjurist und Bestsellerautor, beschreibt in seinem Roman *Das Wochenende* die ersten Tage eines gerade aus der Haft entlassenen ehemaligen RAF-Terroristen. Bei seinen Recherchen hat er mit mehreren Ex-Terroristen Gespräche geführt. Aufgefallen ist ihm dabei das starke Rechtfertigungsbedürfnis der Gesprächspartner: Sie wollten anders sein und handeln als ihre Eltern, die sich nicht gegen die Verbrechen des Dritten Reiches aufgelehnt hatten. Sie wollten im Namen der Wehrlosen kämpfen gegen Unterdrückung und Ausbeutung in der Dritten Welt, kämpfen aber auch gegen Unterdrückung im eigenen Land, gegen unmenschliche Haftbedingungen mit Isolationsfolter und Zwangsernährung ... Sie fühlten sich fast ausnahmslos als Opfer und zeigten, wie der zuletzt entlassene Christian Klar, kaum Reue oder Bedauern den Angehörigen der Ermordeten gegenüber.

Aufgefallen ist Schlink auch die hohe Beteiligung von Frauen an den Terrorakten. In einem *Cicero*-Interview sieht er das durch die neue Frauenbewegung geweckte Selbstbestimmungsbedürfnis als eine Versuchung, sich von bürgerlichen Fesseln zu befreien: »Für manche Frauen war die Entscheidung für den bewaffneten Kampf eine emanzipatorische Entscheidung«, befindet er. Frauen sind in der Terroristenszene tatsächlich erstaunlich zahlreich vertreten, Brigitte Mohnhaupt, Silke Maier-Witt, Verena Becker, Susanne Albrecht, Gabriele Rollnik oder Birgit Hogefeld stehen für viele andere Namen auf den Fahndungsplakaten der 70er-Jahre. Einige der Frauen wurden verurteilt und leben unter anderem Namen weiter, einige sind damals in der DDR oder in anderen sozialistischen Ländern untergetaucht, in Haft sitzt heute nur noch Birgit Hogefeld.

Die Medien haben diese »enthemmten Flintenweiber« vorschnell bei den Feministinnen eingereiht. Der damalige Verfassungsschutzpräsident Günther Nollau bezeichnete das Handeln der Terroristinnen als einen »Exzess der Befreiung der Frau«. Die RAF-Terroristinnen selbst sehen sich dagegen nicht in erster Linie als Frauen, sondern wie die Männer als Revolutionäre und Kämpfer. Die Ex-Terroristin Inge Viett bekräftigt dies in einem *taz*-Interview:

»Wir haben nicht bewusst so einen Frauenbefreiungsprozess durchlaufen wollen ... wir haben gekämpft und dieselben Dinge getan wie die Männer. Es war für uns keine Frage Mann – Frau.« Nach dem infamen von Susanne Albrecht eingefädelten Mord an Bankier Jürgen Ponto wurden Fahndungsplakate mit den Tatverdächtigen veröffentlicht. Von den 16 gesuchten Terroristen waren elf Frauen. – Der Guerillakampf mit der Waffe ist kein »Privileg« der Männer mehr.

Nachtrag

Im Herbst 2002, 26 Jahre nach dem Tod Ulrike Meinhofs, erfuhr die Tochter Bettina Röhl, dass das Gehirn ihrer Mutter nach der Obduktion beiseite geschafft wurde, um es zu wissenschaftlichen Zwecken untersuchen zu lassen. Die Angehörigen wurden darüber entgegen den gesetzlichen Bestimmungen nicht informiert. Das Gehirn wurde in Formalin aufbewahrt und schließlich in einer Magdeburger Klinik genau untersucht. Nach Einspruch einer Ethik-Kommission wurde den beteiligten Professoren untersagt, ihre Forschungsergebnisse zu veröffentlichen. Die Staatsanwaltschaft Stuttgart forderte das Gehirn zurück, ließ es einäschern und den Angehörigen übergeben. Es wurde auf Ulrike Meinhofs Grab auf dem Berliner Dreifaltigkeitsfriedhof beigesetzt. Damit schien das Kapitel Meinhof endgültig abgeschlossen – bis durch den Film über den Baader-Meinhof-Komplex und die umstrittene Haftentlassung Christian Klars die RAF und ihre Terrorgeschichte wieder ins Gedächtnis zurückgeholt wurde.

Auch wenn der Dichter Erich Fried Ulrike Meinhof für »die größte deutsche Frau seit Rosa Luxemburg« hält, lässt sich die Blutspur, die sie durch Deutschland gezogen hat, mit diesen Worten nicht tilgen.

*Eine Querdenkerin stärkt Frauen
den Rücken*

RITA SÜSSMUTH
(*1937)

»Und ich lernte es an fast jedem
Tag: Wer nicht kämpft, hat schon
verloren.«
RITA SÜSSMUTH

Rita Süssmuths Berufskarriere beginnt mit einem Schock. 1966 bewirbt sich die promovierte Erziehungswissenschaftlerin um eine Hochschulstelle als Dozentin. Sie ist 29, hat ein Studium der Romanistik und Geschichte, anschließend ein Postgraduiertenstudium der Pädagogik, Soziologie und Psychologie erfolgreich abgeschlossen und konnte daneben drei Jahre als wissenschaftliche Assistentin Hochschulerfahrung sammeln. – Glänzende Voraussetzungen für den Einstieg in eine Universitätslaufbahn, möchte man meinen. Doch da gibt es einen kleinen, aber entscheidenden Haken: Sie ist eine Frau. Und Frauen leisten zwar gute Dienste als Sekretärinnen und im Mittelbau, gehören aber nicht auf einen Lehrstuhl. Punktum.

Wofür hatten denn die Pionierinnen der Frauenbewegung im 19. Jahrhundert gekämpft? Bessere Bildungsmöglichkeiten für Mädchen forderten sie, Zulassung zum

Hochschulstudium und – damals noch verwegen – Chancengleichheit für Frauen bei der beruflichen Entfaltung. Darin waren sich Vertreterinnen der bürgerlichen Frauenbewegung wie Louise Otto-Peters oder Helene Lange und Radikale wie Anita Augspurg einig: Nur die vielseitig gebildete Frau kann gegen männliche Machtansprüche erfolgreich kämpfen. Sie malten sich eine Zukunft ohne Geschlechterschranken aus und hätten es wohl nicht für möglich gehalten, dass noch in den 60er-Jahren des 20. Jahrhunderts weibliche Bewerber um eine Hochschulstelle nach anderen Kriterien begutachtet werden als männliche.

Rita Süssmuth erinnert sich noch genau an die Fragen der Berufungskommission, die aus sieben würdigen Herren bestand. Gleich zu Anfang die moralische Keule: »Wieso haben Sie sich hier beworben? Sie wissen doch, dass sich auch ein Familienvater mit acht Kindern um die Stelle bemüht ...« Dann die indiskreten Fragen nach dem Privatleben: »Wie stellen Sie sich das eigentlich vor – Ihr Mann ist noch Assistent, und Sie bewerben sich für eine Dozentur. Was soll denn werden, wenn Sie ein Kind bekommen?«

Die Kandidatin ist erschüttert und wütend. Sie hätte Fragen zu ihrer beruflichen Qualifikation oder ihren Lehrvorstellungen erwartet, Fragen, die man auch männlichen Bewerbern stellt. Ihr wird schlagartig klar: Mit der Gleichberechtigung ist es noch nicht allzu weit her in der Bundesrepublik. Ein Schlüsselerlebnis für die an Frauenfragen bislang nicht besonders Interessierte.

Wider Erwarten bekommt sie die Stelle. Ende gut, alles gut – nicht für Rita Süssmuth. Sie sieht das schockierende

Vorstellungsgespräch als Herausforderung, als kämpferischen Denkanstoß: Es muss sich etwas ändern in Staat und Gesellschaft, aber auch im Bewusstsein der Frauen selbst. Sie müssen, wie die Frauenrechtlerinnen der ersten Stunde, um ihre Rechte kämpfen, wenn sie sich im Berufsleben, und nicht nur im Berufsleben, durchsetzen wollen.

Rebellion liegt in jenen 68er-Jahren ohnehin in der Luft. Die neue Frauenbewegung sagt patriarchalischen Strukturen den Kampf an und verkündet ihre Parolen schrill und lautstark. Rita Süssmuth reiht sich nicht in ihre Protestmärsche ein, hält aber manche ihrer Forderungen für durchaus berechtigt. Der Philosoph Jürgen Habermas soll auf die Frage, was von den 68ern bleibt, geantwortet haben: Rita Süssmuth. Falls die Anekdote nicht stimmt, ist sie zumindest gut erfunden.

Einsatz für Frauen

Auf die Frage, ob sie sich zu den Feministinnen zähle, antwortet Rita Süssmuth mit Ja. Sie sieht Feminismus jedoch nicht aus dem engen Blickwinkel der radikalen Vertreterinnen, die »alle Macht den Frauen« propagieren und Männer ins Abseits drängen wollen. Sie hat Mann und Kind und einen Beruf, sie gehört nicht zu den Verliererinnen in der männerdominanten Gesellschaft. Doch sie ist inzwischen sensibilisiert für die Probleme, die Frauen in der Berufswelt und im privaten Leben haben. Immer wieder stößt sie auf Fälle bewusster oder unbedachter Diskriminierung, etwa wenn Frauen in den Berichten der

Bundesanstalt für Arbeit als »schwer zu vermittelnde Randgruppe« geführt werden. Sie hält eine Frauenlobby für unbedingt notwendig, auch wenn sie sich nicht der organisierten Frauenbewegung anschließt.

Ihre Stärke liegt nicht in der Agitation, sondern in der Analyse gesellschaftlicher Entwicklungen und dem Aufzeigen von Handlungsmöglichkeiten für Frauen. 1982 wird sie Präsidentin des Instituts »Frau und Gesellschaft« in Hannover, das sich mit historischer und aktueller Frauenforschung befasst. Mit ihrer Schrift *Frauen – der Resignation keine Chance* möchte sie ihren Geschlechtsgenossinnen den Rücken stärken bei der Durchsetzung ihrer Anliegen.

Dass Helmut Kohl die 1981 in die CDU Eingetretene einige Jahre später in sein Kabinett holt, ist ein gewagter Schachzug des Kanzlers. Die Querdenkerin übernimmt als Nachfolgerin Heiner Geißlers das Bundesministerium für Jugend, Familie und Gesundheit. Mit Familien- und Jugendfragen hat sie sich schon seit Längerem als Vorsitzende verschiedener Kommissionen und Kuratorien auf Bundesebene befasst.

1986 wird ihr Ministerium um das ihr besonders am Herzen liegende Ressort »Frauen« erweitert, sie ist damit die erste Frauenministerin der Bundesrepublik. Im selben Jahr wird sie Bundesvorsitzende der Frauen-Union. Kurz darauf ernennt der Verband der Deutschen Staatsbürgerinnen sie zur »Frau des Jahres 1987«. Man würdigt ihr Engagement in der Frauen- und Familienpolitik, auch ihre Maßnamen in der Aids-Prävention. Mit ihrer Schrift *Aids: Wege aus der Angst* bringt sie ein Tabuthema an die Öffentlichkeit und sorgt für kontroverse Diskussionen. Das schadet ihrer Popularität nicht, wenig später zieht sie mit einem Direktmandat in den Bundestag ein.

Dass die progressive Politikerin beim rechten Parteiflügel auf harsche Kritik stößt, verwundert nicht. Ihr Widerstand gegen die Aufhebung des kassenärztlichen Schutzes bei Abtreibungen erregt die Gemüter ebenso wie ihr Kompromissvorschlag, im Streit um den Abtreibungsparagrafen 218 einen »dritten Weg« zwischen Indikations- und Fristenlösung zu suchen. Ihre Initiative »Die letzte Entscheidung muss bei der Frau liegen« zur Reform des Abtreibungsparagrafen geht manchen Abgeordneten zu weit und wird von der CDU-Bundestagsfraktion wie auch von Bundeskanzler Kohl kritisiert.

Dabei ist sie keineswegs eine Befürworterin einer freizügigen Abtreibungspraxis, das widerspräche ihrer ethischen und religiösen Überzeugung. Doch sie sieht die Realität jenseits der heilen Familienwelt: junge Mädchen, die in ihrer Verzweiflung Suizidgedanken hegen oder sich Kurpfuschern anvertrauen; kinderreiche, von Krankheit gezeichnete Mütter, die eine weitere Schwangerschaft nicht durchstehen könnten; vergewaltigte Frauen, die nicht die Kraft haben, ein Kind ihres Peinigers auszutragen ... Die wenigsten Frauen treiben leichtsinnig ab, die wenigsten fahren ohne Beklemmung in eine Abtreibungsklinik nach Holland. Hinter fast jedem Fall tut sich eine persönliche Tragik auf, der nicht mit verschärften Gesetzen, sondern, wenn überhaupt, nur mit Verständnis und Zuwendung und mit praktischer Hilfe beizukommen ist. Deshalb die Suche nach tragfähigen Kompromissen, möglichst über Parteigrenzen hinweg.

Rita Süssmuths Vorstellungen von Frauenförderung entsprechen nicht denen ihrer Partei, das zeigt sich immer wieder. Noch zwanzig Jahre nach der 68er-Rebellion der Frauen hält sich in breiten Kreisen der CDU die Ansicht, die Frau gehöre ins Haus und dürfe sich nicht durch außerhäusliche Arbeit ihren Kindern entfremden. Die Bundesfrauenministerin aber macht sich stark für berufstätige Mütter und Kinderbetreuung während der Arbeitszeit. Das sind heute selbstverständliche, allerdings oft an den Finanzen scheiternde Forderungen, damals ging es um mehr, um »richtige« und »falsche« Erziehung, um Rabenmütter und egoistische Selbstentfaltung. Die Familienministerin erinnert sich in einem Interview: »Die Krippe wurde gleichgesetzt mit sozialistischer Erziehung und auch die Diskussion um die Tagesmütter wurde in der Bundesrepublik mit ideologischer Heftigkeit geführt.« Ihre Idee, eine familienergänzende Betreuung und die Frühförderung von Kindern auszubauen, bringt ihr waschkörbeweise Post mit wütenden und teilweise hasserfüllten Anschuldigungen ins Haus. Sie ruiniere die Familie, tönt es aus den Reihen der eigenen Partei. Sie lässt sich davon nicht beirren, sie weiß: Verinnerlichte Rollenvorstellungen sitzen tief und können nicht von heute auf morgen abgebaut werden.

Mit ihren Reformvorschlägen zur Frauen- und Familienpolitik sei sie in der falschen Partei, wird ihr vorgehalten, doch sie denkt nicht daran, aus der CDU auszutreten. Neue Ideen und Aufbrüche müssten aus der Partei selbst kommen und nicht von außen, argumentiert sie. Den Kampfplatz schmollend oder verbittert zu verlassen, entspricht nicht ihrem Verständnis von Politik.

»Dranbleiben – gerade wenn es schwierig wird«

1988 wird die kämpferische Politikerin zur Präsidentin des Deutschen Bundestages gewählt. Sie ist, nach Annemarie Renger, erst die zweite Frau, die dieses zweithöchste Staatsamt bekleidet. Allen internen Querelen zum Trotz behält sie es zehn Jahre lang. Sie weiß den Aufstieg aus den »Vorhöfen der Macht« ins Zentrum für ihre Vorstellung von Politik zu nutzen. Nun ist sie nicht mehr nur für »Jugend, Familie, Frauen und Gesundheit« zuständig, sie mischt auf allen Feldern der Politik mit. Und da behagt ihr manches nicht, was der Parteivorsitzende Kohl auf den Weg gebracht hat. Mit einigen anderen Querdenkern erwägt sie im September 1989 auf dem CDU-Parteitag in Bremen, gegen Kohl zu kandidieren. Der Plan wird nicht ausgeführt, aber das Misstrauen gegen die Aufrührer bleibt.

Unmut in Parteikreisen löst auch ihre Zustimmung zur Anerkennung der polnischen Westgrenze aus. Ist es Zufall, dass wenig später die sogenannte »Dienstwagen-Affäre« groß aufgemacht durch die Presse geht? Ans Licht gezerrt, so wird vermutet, aus den Reihen der eigenen Partei. Es geht um einen Dienstwagen der Bundestagsverwaltung, den Süssmuths Ehemann angeblich in ihrem Auftrag benutzt hat. Keine wirkliche »Affäre«, aber immerhin eine Schlagzeile wert. Auch wenn die Bundesratsverwaltung hinterher die Rechtmäßigkeit der Benutzung feststellt, bleibt doch in den Köpfen der Leser ein Unbehagen zurück.

Das sind Tiefschläge, die verkraftet werden müssen, aber sie machen die Vollblutpolitikerin, die eigentlich nie in die aktive Politik gehen wollte, nicht handzahm. Sie bleibt unbequem. Dass sie mit ihrem Versuch, die Bonner Abgeordneten für eine Diätennullrunde zu gewinnen, scheitern würde, war vorauszusehen. Mehr Unmut in der Partei erregt ihr Vorwurf, der von der CDU für das Bundespräsidentenamt nominierte Steffen Heitmann verharmlose die nationalsozialistische Vergangenheit. Sie beruft sich nicht wie Helmut Kohl auf die »Gnade der späten Geburt«, nach ihrem Verständnis verjähren NS-Verbrechen nicht und spätere Generationen haben die Pflicht, sich mit dieser Vergangenheit auseinanderzusetzen. Auch Stasi-Verbrechen in der früheren DDR müssten weiter geahndet werden. Während sie die Aufarbeitung dieser Hypothek anmahnt, möchten Politiker quer durch die Parteien die Anschuldigungen am liebsten unter den Teppich kehren: Nur keine Aktionen, die das zarte Pflänzchen Einheit gefährden könnten.

Warum muss sie den Finger stets in offene Wunden legen? Sie kann es sich leisten, das auszusprechen, was andere nur zu denken wagen. Sie ist nicht, wie viele Berufspolitiker, auf ihr Bundestagsmandat angewiesen, sie hätte jederzeit die Möglichkeit, auf einen Lehrstuhl zurückzukehren, ein Privileg, das sie zu schätzen weiß. So übt sie scharfe Kritik an einem Sparpaket der Bundesregierung, das bringt ihr Ärger in der Fraktion, aber Sympathie bei den Wählern ein.

Und wieder will es der Zufall, dass der Presse – wer weiß woher – eine zugkräftige Story aus dem Süssmuthschen Familienleben zu Ohren kommt: Die Bundestagspräsidentin habe die Flugbereitschaft der Bundeswehr zu privaten Besuchen bei ihrer Tochter in Zürich genutzt. Nachdem ein entsprechender Prüfbericht vorliegt, entlastet der Ältestenrat des Bundestages die Angeschuldigte einstimmig – sei's aus Überzeugung, sei's aus Angst vor einer generellen Überprüfung der privaten Inanspruchnahme von Bundeswehrflügen durch Regierungsmitglieder.

Rita Süssmuth nimmt nun aufgeplusterte Berichte der Boulevardpresse gelassener als früher. Und sie bleibt die unbequeme Verfechterin nicht parteikonformer Neuerungen. 1996 setzt sie sich auf dem Bundesparteitag für die Einführung einer Frauenquote innerhalb der CDU ein. Sie befürwortet die Errichtung eines Mahnmals in Berlin für die ermordeten Juden Europas und sie unterstützt gegen das Votum der Partei die Verhüllung des Reichstags durch den Objektkünstler Christo – ein Event und Medienspektakel, das Berlin weltweit auf die Bildschirme bringt.

Als nach der Bundestagswahl 1998 die SPD den Bundestagspräsidenten stellt, sind nicht wenige CDU-Parlamentarier erleichtert. Sie erhoffen sich von einem Mann an der Spitze des Bundestags, auch wenn er der »falschen« Partei angehört, mehr Ruhe und weniger Experimente.

Die Universität als zweites Standbein

Zur aktiven Politik ist Rita Süssmuth spät gekommen, mehr aus Gestaltungsdrang denn aus Machtstreben. Ihren eigentlichen Entfaltungsraum sieht sie, trotz des frustrierenden Einstellungsgesprächs, in der Hochschule. Der Hörsaal ist ihr vertrauter als die politische Bühne. Sie hat nach dem Abitur in Münster, Tübingen und Paris studiert, war wissenschaftliche Assistentin an den Hochschulen Stuttgart und Osnabrück und wurde nach einem Postgraduiertenstudium in Münster mit einer Arbeit zur Anthropologie des Kindes in der französischen Literatur der Gegenwart promoviert.

1966 wird sie Dozentin an der Pädagogischen Hochschule Ruhr in Bochum, einige Jahre später erhält sie hier einen Lehrstuhl für Erziehungswissenschaften. Dass sie zwischendurch auch an der Ruhr-Universität Bochum International vergleichende Erziehungswissenschaften lehrt, zeigt ihr über Deutschland hinaus reichendes Engagement für Erziehungsbelange, das sie zur gefragten Expertin in der Bildungspolitik macht.

Als sie 1973 eine Professur an der Universität Dortmund übernimmt, kommt ihr zugute, dass sie nicht nur mit der Theorie, sondern auch mit der Bildungspraxis vertraut ist. Ihre Arbeit im Wissenschaftlichen Beirat des Ministeriums für Jugend, Familie und Gesundheit gibt ihr die Möglichkeit, wenn auch nicht die Bildungs- und Familienpolitik der Bundesregierung zu verändern, so doch Denkanstöße zu geben und eingefahrene Strukturen kritisch zu hinterfragen.

Dass wirkliche Veränderungen im Bildungs- und Erziehungswesen nicht über universitäre Theorien zustande kommen, sondern durch politische Entscheidungen, wird ihr immer deutlicher bewusst: Nicht nur denken, sondern handeln. Ihre Karriere führt steil nach oben, doch sie lässt sich von der Politik nicht vollkommen vereinnahmen. Immer behält sie ein Standbein in der Universität, das entspricht ihrer eigentlichen Neigung; der Gedanke, sich jederzeit aus der Politik zurückziehen zu können, vermittelt ihr ein Gefühl der Unabhängigkeit. Während ihrer Zeit als aktive Politikerin leitet sie Blockseminare an der Universität Göttingen. 2005 wird sie Präsidentin der privaten SRH Hochschule Berlin.

Ihre universitären Verbindungen reichen weit über Deutschland hinaus; besonders ausgeprägt ist ihre internationale Vernetzung im Bereich der Frauenforschung. Beweis ihrer wissenschaftlichen Anerkennung sind die Ehrendoktorhüte, die ihr verliehen wurden: in Deutschland von der Hochschule Hildesheim, von der Ruhr-Universität Bochum und von der Universität Augsburg; in Bulgarien von der Universität Veliko Tarnovo, in den USA von der John Hopkins University Baltimore und in Israel – für den deutsch-jüdischen Dialog besonders bedeutsam – von der Ben-Gurion-Universität des Negev Beerscheba.

Bildungschancen für alle

Bildung hat für Rita Süssmuth einen hohen Stellenwert. Ziel der Erziehung sollte der allseits gebildete Mensch sein, wie ihn Pestalozzi sah: befähigt, das Leben mit Kopf, Herz und Hand zu meistern. Dass da in Deutschland Defizite bestehen, wird der Erziehungswissenschaftlerin lange vor den schockierenden PISA-Ergebnissen bewusst. Die Gründe liegen für sie auf der Hand, aber welcher Politiker hat sie zur Kenntnis genommen? Bildung steht auf der Prioritätenliste weit hinten, dass sich dies eines Tages rächen würde, wird nicht bedacht. Erst als internationale Vergleiche klipp und klar offenlegen, dass das einstige Land der Dichter und Denker auf einen der Schlussplätze abgerutscht ist, überbieten sich Parteien und Verbände in Bildungsinitiativen. Nun wird zur Kenntnis genommen, was Rita Süssmuth längst weiß. Sie plädiert für eine neue Lernkultur und fasst in einem Interview noch einmal die wichtigsten Faktoren zusammen, die zur deutschen Schulmisere geführt haben:

»Erstens: Wir haben lange versäumt, wirklich früh mit Bildung anzufangen und jedes Kind einzubeziehen. Zweitens: Wir haben verlernt, die individuelle Förderung zu stärken. Drittens: Wir haben Bildungschancen wie wohl kein anderes Industrieland in der Welt vom Elternhaus, d. h. von der sozialen Herkunft abhängig gemacht.«

Das A und O sind für sie kleine Klassen, in denen der Lehrer genügend Zeit hat, sich um jedes einzelne Kind zu kümmern. Gemeinsames Lernen von Kindern verschiedener Altersstufen wie es an Zwergschulen geschieht und schon vor dem Ersten Weltkrieg von den Reformpädagogen praktiziert wurde, hält sie für sinnvoll. Voneinander lernen, heißt ihre Devise, der Lernort Schule sollte eine »Stätte sozialen Miteinanders« sein. Internationale Untersuchungen haben nachgewiesen, dass Lerngruppen mit unterschiedlich begabten Kindern das gegenseitige Lernen fördern und die persönliche Entwicklung günstig beeinflussen nach dem Motto: Bessere Schüler helfen schwächeren und beide lernen voneinander.

Dass die Bildungschancen in Deutschland immer noch stark vom Herkunftsmilieu abhängen, dass die Schule oft ganz selbstverständlich auf die Mithilfe des Elternhauses baut, statt selbst Nachhilfe für Kinder aus bildungsfernen oder fremdsprachigen Familien zu organisieren, ist für Rita Süssmuth ein Ärgernis. Sie selbst hatte das Glück, in einem Umfeld aufzuwachsen, das reichlich geistige Anregungen bot. Sie konnte zu Hause und auch in der Schule Probleme diskutieren, Fragen stellen, die sie beschäftigten, zum Beispiel zu den sokratischen Dialogen. Sie erinnert sich: »Mich hat an diesen Texten die Erkenntnis fasziniert, dass wir immer nur vorläufiges und nie endgültiges Wissen haben und der Mensch nie aufhört zu fragen. Diese Art streitig zu diskutieren, ohne den anderen herunterzumachen – das war für mich ein Schlüsselerlebnis.«

Wie viele Schüler haben zu Hause oder in der Schule solche Schlüsselerlebnisse? Es müssten ja nicht gerade die sokratischen Dialoge sein, auch für viel schlichtere Fragen brauchten Schüler Ansprechpartner. Doch es fehle an sozial kompetenten, einfühlsamen Lehrern für diese Aufgaben. In der Vergangenheit sei bei der Lehrerausbildung zu wenig Wert auf das Erzieherische gelegt worden. Die Bundesrepublik sei derzeit kein international attraktives Bildungsland, könnte es aber in zehn oder mehr Jahren durchaus wieder sein, wenn die Weichen richtig gestellt würden, sagt die Erziehungswissenschaftlerin in ihrer Dankrede zur Verleihung der Ehrendoktorwürde der Universität Augsburg.

»Bildung für alle« heißt ein Süssmuthsches Schlagwort, »Lebenslanges Lernen« ein anderes. Seit sie 1988 die Präsidentschaft des Deutschen Volkshochschul-Verbandes übernommen hat, setzt sie sich intensiv für Erwachsenenbildung ein. Dazu gehört auch eine Alphabetisierungskampagne. Kaum zu glauben, dass es in der hochindustrialisierten Bundesrepublik über 20.000 Analphabeten gibt, nicht etwa nur Zuwanderer, sondern auch viele Deutsche, die die Hauptschule vorzeitig ohne Abschluss verlassen haben. Hier bieten die Volkshochschulen eine späte Chance, Lesen und Schreiben zu lernen.

Unterstützung für Migrantinnen

Besondere Schwierigkeiten mit der deutschen Sprache haben naturgemäß Migrantinnen. Während ihre Männer über die Arbeitswelt zu Sprachkontakten kommen, bleibt ihr Horizont meist die Familie, und sie haben wenig Möglichkeiten, Deutsch zu lernen. Hier helfen Sprach- und Integrationskurse, für die sich Rita Süssmuth stark macht. Es geht dabei nicht nur um das Sprachproblem, sondern ganz allgemein um die Schwierigkeiten der Integration in einem Land, das sich schwer tut mit der Definition als Einwanderungsland. Mit der Reform des Zuwanderungsgesetzes allein ist es nicht getan. Noch immer gibt es für muslimische Frauen im Bereich der Familie keine Gleichberechtigung, noch immer gibt es Zwangsehen, noch immer Ehrenmorde. Nur wenige Frauen wagen, dagegen anzugehen. Die Publizistin Necla Kelek gehört zu den Mutigen, die für ihre Leidensgenossinnen kämpfen und trotz Bedrohungen deren Schicksale publik machen.

Für hilfswillige Deutsche ist es nicht einfach, von außen in überkommene Familienstrukturen einzugreifen. Rita Süssmuth, die sich in ihrem Buch *Migration und Integration. Testfall für unsere Gesellschaft* eingehend mit dem Problem befasst hat, weiß, dass es sehr schwer ist, Zugang zu diesen Familien zu finden. Eine Aufgabe, die sie herausfordert: »... Genau dort setzt solidarisches Handeln ein. Wir müssen unterdrückten Frauen helfen und sie in ihrem Kampf nicht allein lassen.« Dass sie das Migrationsproblem zu einem Testfall für die deutsche Gesellschaft macht, stößt parteiintern nicht überall auf Zustimmung. Aber, davon ist die Integrationsexpertin überzeugt, eine politische Tabuisierung des unliebsamen Themas löst den Konflikt nicht. Sie hält ein generelles Umdenken in der Migrationsfrage für dringend notwendig.

Rund drei Prozent der Weltbevölkerung sind Migrantinnen, und das Problem der Ausgrenzung existiert nicht nur in Deutschland. Es gibt zwar internationale Menschenrechtskonventionen, aber die Umsetzung ist längst nicht überall gewährleistet, vor allem Frauen werden nicht hinreichend geschützt. Als Mitglied der von Kofi Annan eingesetzten Weltkommission für Migration und als Vorsitzende des Sachverständigenrates für Zuwanderung und Integration hat Rita Süssmuth immer wieder darauf hingewiesen, dass Menschenrechte nicht nur Freiheitsrechte bedeuten, sondern auch Sozialrechte mit einschließen müssen, eine menschenwürdige Behandlung auch für illegal Eingewanderte, die die offiziellen Aufnahmekriterien nicht erfüllen. Es handelt sich dabei meist nicht um Kriegsflüchtlinge oder politisch Bedrohte, sondern um Armutsfälle: Frauen und Mädchen, die ihre Heimat verlassen, um in der Fremde Geld zu verdienen für die darbende Großfamilie zu Hause. Oft genug geraten diese Hilflosen in die Fänge von Zuhältern, die sie zur Prostitution zwingen. Hilfsorganisationen wie SOLWODI nehmen sich der Opfer an, aber es muss auch gesetzliche Handhaben geben, diese zu schützen.

Rita Süssmuth hat als Politikerin und Frauenrechtlerin gelernt, mit tief sitzenden Vorurteilen in der Bevölkerung umzugehen, mit der Angst vor Überfremdung zum Beispiel. Sie betont, dass der Ausländeranteil in Deutschland unter zehn Prozent liegt und damit weit geringer ist als in Nachbarländern, etwa der Schweiz. Und es ist keineswegs so, dass alle Zugewanderten Sozialfälle sind, viele werden auf dem Arbeitsmarkt dringend benötigt, besonders als Krankenpflegerinnen, im Gastgewerbe oder als Hausangestellte. Es ist wichtig, diese Menschen zu integrieren, statt sie schwarz und ohne soziale Absicherung arbeiten zu lassen.

Dass der Anteil jugendlicher Straftäter unter Migranten – das betrifft allerdings nicht die Mädchen – relativ hoch ist, hängt nach Rita Süssmuths Erfahrung auch mit dem Gefühl der Entwurzelung, des Nichtgebrauchtwerdens und den mangelnden Integrationsmöglichkeiten zusammen. Hier sieht sie gute Ansätze in der Bundesrepublik: »Wir sind auf dem Weg, an Initiativen fehlt es nicht.« Als Beispiele nennt sie verstärkte schulische Förderung und Hilfestellung beim Übergang zu Ausbildung und Beruf. Allerdings hätten diese Integrationsversuche früher kommen müssen. »Mit Menschen anderer Kulturen zusammenzuleben, darauf haben wir uns erst sehr spät eingestellt«, bedauert die Mitinitiatorin einer türkisch-deutschen Hochschule in Berlin und Istanbul. Als sie 2002 auf Vorschlag der Bundesregierung den Vorsitz der Zuwanderungskommission trotz heftiger Kritik aus den Reihen der eigenen Partei übernimmt, sieht sie dies als weitere Herausforderung: »... ein Höhepunkt, der auch fast die Isolation zur Folge hatte, weil ich eben nicht der Erwartung der Partei gefolgt war.« Sie folgt, nicht zum ersten Mal, der Stimme ihres Gewissens statt der Parteidisziplin. Ihre Begründung: »Ich persönlich war und bin nämlich der Überzeugung, dass es Aufgaben gibt, die jeden in die Pflicht nehmen, wenn es um die Zukunft unseres Gemeinwesens und unserer Demokratie geht.« Dieses Pflichtbewusstsein – ihre Gegner nennen es Sturheit oder Eigensinn – hat sie aus ihrem Elternhaus mitbekommen.

Das Elternhaus: Vorbild für eigene Lebensgestaltung

An das Familienleben im Wuppertaler Elternhaus denkt Rita Süssmuth, geborene Kickuth, mit Dankbarkeit zurück, obwohl ihre Kindheit, wie sie rückblickend sagt, keine glückliche war. Sie wurde von der Sorge um die kränkelnde Mutter und die schweren Erkrankungen eines Bruders überschattet, auch von der ständigen Angst um den Vater an der Front. Bei Kriegsende ist Rita acht Jahre alt. Die Luftangriffe auf Wuppertal mit den verheerenden Brandbomben hat sie nicht selbst miterlebt, aber die Bilder der Trümmerlandschaft und der verkohlten Leichen verfolgen sie bis in die Träume und graben sich tief in ihre Erinnerung ein.

Die Nachkriegszeit ist von anderen Bildern geprägt: morgens um vier im Dunkeln aufstehen und noch vor der Schule Fallobst und Brennholz sammeln, damit die kinderreiche Familie in den Mangeljahren über die Runden kommt; die berufstätige Mutter entlasten bei der Hausarbeit und früh Verantwortung übernehmen für die jüngeren Geschwister. Es gibt wenig Gelegenheit zu unbeschwertem Spiel, doch trotz der häuslichen Belastung bleibt erstaunlicherweise stets Zeit zum gemeinsamen Musizieren und Zeit für Gespräche. Rita Süssmuth empfindet rückblickend ihr Elternhaus als geistig und musisch sehr aufgeschlossen: »Unser Haus stand voll mit Musikinstrumenten, die jedoch nicht nur herumstanden, sondern mit denen auch tatsächlich musiziert wurde.«

Der Vater, ein musisch begabter Lehrer, später Schulrat, wird zur Leitfigur ihres Lebens, er erschließt ihr die Welt des Wissens, des Glaubens und der Musik. Er legt ihr nahe, auf der Schule zu bleiben und erst einmal Abitur zu machen, bevor sie eine Berufswahl trifft. Krankenschwester will sie eigentlich werden, ein Berufswunsch, der ihrem ausgeprägten Sozialgefühl entspricht. Ihr Einfühlungsvermögen und soziales Engagement werden ihr Jahrzehnte später als Familien- und Gesundheitsministerin den Zugang zu Menschen und deren Problemen erleichtern.

Dass der Vater ein aufgeschlossener Katholik war, der zum Kreis um den Religionsphilosophen Romano Guardini gehörte, hat die wissbegierige Tochter auch religiös geprägt. Am Familientisch wird über die von Walter Dirks herausgegebenen *Frankfurter Hefte* gesprochen, die frischen Wind in den deutschen, konservativ geprägten Katholizismus bringen. Die Gymnasiastin ist von der Gedankenweite und gleichzeitig der unerschütterbaren Glaubenstiefe des Vaters so beeindruckt, dass sie diese Geisteshaltung auch in ihrem Leben anstrebt. Sie ist heute überzeugt, dass sie viele schwierige Situationen ohne ihre Bindung an den Glauben gar nicht durchgestanden hätte. Der Glaube gibt ihr Halt und Kraft, ist aber kein Garant für Harmonie oder für die Lösung aller Konflikte. Er macht sie nicht blind für das im Namen der Kirche begangene Unrecht, von der Verketzerung Andersgläubiger bis zur Diskriminierung der Frauen. Der Glaube ist für sie ein Anstoß, sich immer wieder Neues zu erschließen und das Wissen darum, »dass wir immer nur vorletzte und keine letzten Wahrheiten kennen.«

Als Studentin in Paris interessiert sie vor allem die zeitgenössische französische Literatur und Philosophie. Sie möchte ergründen, was es mit der katholischen Erneuerungsbewegung auf sich hat bei so unterschiedlichen Schriftstellern wie Paul Claudel und François Mauriac. Den Literaturnobelpreisträger Mauriac lernt sie persönlich kennen, ebenso seinen Antipoden Jean-Paul Sartre. Als Fazit dieser Begegnungen hält sie fest: »Die Literatur als Kunst ist so etwas wie eine Avantgarde, denn sie erschließt Welten und sie verschafft den Menschen Einsichten, Erfahrungen und Erkenntnisse oftmals lange bevor dies die Wissenschaft mit ihren eigenen Methoden machen kann.«

Nicht nur die Literatur, auch die Wissenschaft hat sie gepackt. Sie beißt sich am jungen Marx fest, brütet über Sätzen von Hegel. Die Dialoge Platons rufen ihr Worte ihres Vaters in Erinnerung: »Denk immer daran, ob es vielleicht nicht auch ganz anders sein könnte, ob der andere nicht auch recht haben könnte.« Ein Satz, der sie durch ihr ganzes politisches Leben begleitet. Stets bleibt ihr der Vater Vorbild, auch in seinem kirchlichen Engagement. Von ihm hat sie gelernt, dass, wer etwas verändern will, es selbst in die Hand nehmen muss. Sie handelt danach, zwölf Jahre lang im Zentralkomitee der Deutschen Katholiken und fünf Jahre als Vizepräsidentin des Familienbundes der Deutschen Katholiken.

Vision einer künftigen Gesellschaftsordnung

Wenn Rita Süssmuth eine Bilanz ihres bisherigen Lebens zöge, stände auf der Erfolgsseite sicherlich die Frauenpolitik obenan. Hier hat sie Pionierarbeit geleistet. Das gilt auch für ihre Migrationspolitik, in den letzten Jahren als Vorsitzende des Sachverständigenrats für Zuwanderung und als Mitglied der UN-Weltkommission für Internationale Migration. Immer geht es um den Einsatz für sozial Schwache, Ausgegrenzte oder gesellschaftlich Benachteiligte, auch bei der Wahrnehmung ihrer zahlreichen Ehrenämter. Lukrative Aufsichtsratsposten finden sich nicht darunter.

Die nach dem Ausstieg aus der aktiven Politik noch immer Vielbeschäftigte träumt nicht von einem geruhsamen Rentnerleben, das könnten sich Tochter Claudia und Ehemann Hans Süssmuth, emeritierter Geschichtsprofessor, auch nicht vorstellen. Sie träumt von einer grundlegenden Wende in Politik und Gesellschaft, hin zu mehr Gemeinsamkeit und Rücksichtnahme. In ihrem 2007 zu ihrem 70. Geburtstag erschienenen Buch *Dennoch: Der Mensch geht vor. Für eine Umkehr in Politik und Gesellschaft* beklagt sie, dass Sachzwänge heute das politische Handeln bestimmen, und sie fordert eine Politik, die wieder den Menschen dient. »In unserem Land hat sich eine Koalition der Bremser, Besitzstandswahrer, Kultur-Pessimisten und Wirtschaftsnostalgiker zusammengefunden, die den anstehenden und im globalen Maßstab unausweichlichen Wandel schlicht nicht wahrhaben will«, schreibt sie und verärgert damit manche Politiker nicht nur der eigenen Partei. Beharrlich hat sie sich seit Langem für die Aussöhnung von Deutschen und Polen eingesetzt, dafür wurde sie 2008 mit dem Viadrina-Preis geehrt.

In ihrem Zukunftskonzept gibt es nicht Sieger und Besiegte, keine Schuldzuweisungen, sondern faire, das Gemeinwohl berücksichtigende gegenseitige Abkommen. Es gibt ein kreatives Miteinander der verschiedenen Kulturen in einer guten Balance von Geben und Nehmen. Nelson Mandela und den Dalai Lama sieht sie als ihre Vorbilder, zwei Männer, die auch für traditionell »weibliche« Tugenden stehen: Fürsorglichkeit, Rücksichtnahme, Opferbereitschaft. Sie hält das heutige Bestreben vieler Frauen, sich »männlichen« Verhaltensmustern anzupassen, um auf der Karriereleiter nach oben zu kommen, für den falschen Weg. Frauen dürften durchaus »Lust an der

Macht« zeigen, nur nicht um den Preis der emotionalen Kälte. Sie müssten ihre Ansprüche, ihre gesellschaftlichen Erwartungen selbst definieren und in die Politik einbringen. Dazu sollten sie eigene Strategien entwickeln und Netzwerke schaffen, nicht gegen die Männer, aber selbstbewusst auf gleicher Augenhöhe. – Eine utopische oder eine realisierbare Zukunftsvision?

Wie müsste eine Stadt, ein Land, die Welt beschaffen sein, damit die Menschen sich darin geborgen fühlen? Eine Frage, der die Schriftstellerin Christa Wolf in ihrem Buch *Kein Ort. Nirgends* nachgeht. Und in *Voraussetzungen einer Erzählung. Kassandra* spinnt sie den Gedankenfaden weiter: weg von der männlich geprägten Geschichtsbetrachtung, von Höchstleistungen, Kämpfen und Siegen, hin zu einer Gegenwelt, in der nicht Heroismus zählt, sondern Solidarität. »Es kommt darauf an, die Welt einer menschenwürdigen Moral und nicht die Moral der Menschen einer noch wenig menschenwürdigen Welt anzupassen.« Ein Schlüsselsatz Christa Wolfs, der auch von Rita Süssmuth stammen könnte.

Erster Nobelpreis für eine deutsche Naturwissenschaftlerin

CHRISTIANE NÜSSLEIN-VOLHARD
(*1942)

»Ich habe niemanden vor dem Tod gerettet und auch keine Therapie entwickelt, die Millionen heilt. Trotzdem glaube ich, dass neue Erkenntnisse in der Wissenschaft auch der Menschheit nützen.«
CHRISTIANE NÜSSLEIN-VOLHARD

Als im Oktober 1995 das Nobelpreiskomitee in Stockholm den Preis für Medizin feierlich verkündete, war die Verblüffung groß: Eine Frau? Eine Deutsche? Das kann doch nicht wahr sein ...

Seit der Stiftung des Preises im Jahre 1901 ist noch nie eine deutsche Wissenschaftlerin damit ausgezeichnet worden. Einzig der Nobelpreis für Literatur ging im Jahre 1966 an die deutsche Lyrikerin Nelly Sachs, die seit ihrer Flucht vor den NS-Schergen im schwedischen Exil lebte.

Nun also Christiane Nüsslein-Volhard, Biologin, Direktorin am Tübinger Max-Planck-Institut für Entwicklungsbiologie. Sie erhielt den weltweit bedeutendsten Preis gemeinsam mit zwei amerikanischen Wissenschaftlern für

ihre Forschungen über die genetische Steuerung der Embryonalentwicklung. Mit Eric F. Wieschaus hatte sie schon Ende der 70er-Jahre durch Experimente an der Taufliege Drosophila nachgewiesen, dass es eine Art Bauanleitung gibt für das Wachstum eines Lebewesens. Dabei wurde eine Gruppe von Genen identifiziert, die aus einer befruchteten Eizelle den Aufbau des Fliegenkörpers steuern. »Herrin der Fliegen« nannten Journalisten die Wissenschaftlerin seither respektvoll witzelnd.

FORSCHUNGSOBJEKTE

Für Laien ist schwer nachvollziehbar, wie sich aus einer einfachen Eizelle die komplizierte Gestalt eines Tierkörpers herausbilden kann. Deshalb ist Christiane Nüsslein-Volhard bemüht, in ihren Vorträgen die komplexen Entwicklungsvorgänge möglichst anschaulich darzustellen. *Wie Gene die Entwicklung steuern* heißt eines ihrer Bücher. Ein Vortragsthema lautet: *Wann ist der Mensch ein Mensch?* oder noch spannender der Titel eines Zeitungsartikels: *Wann ist ein Tier ein Tier, ein Mensch kein Mensch?* Es geht dabei um Fragen, die über die Entwicklungsbiologie hinaus von allgemeinem Interesse sind. Wie weit darf der Mensch in den Ablauf der Natur eingreifen? Ist Klonen erlaubt? Wie steht es mit der Stammzellenforschung? Fragen, die Theologen und Ethiker, Juristen und Politiker beschäftigen – oder beschäftigen sollten. Denn noch ist nicht ins Bewusstsein manch führender Köpfe gedrungen, welch entscheidenden Anteil die Forschungsergebnisse in den Naturwissenschaften – sei's in Biologie oder Medizin, Physik oder Chemie – für die Zukunft der Menschheit haben.

Der Arbeitsplatz der Wissenschaftler ist das Labor, ein wenig spektakuläres Umfeld. Erfolge stellen sich meist erst nach jahrelanger Forschungsarbeit ein und Ergebnisse gelangen häufig gar nicht an die Öffentlichkeit, weil sie für die Medien zu kompliziert und zu schwer vermittelbar sind. Erst wenn Wissenschaftler mit Preisen bedacht werden, erreichen sie öffentliche Aufmerksamkeit, manchmal mehr, als ihnen lieb ist. Christiane Nüsslein-Volhard ist zwar glücklich über den Nobelpreis, hätte auf den Medienrummel, der ihre Arbeit im Labor stark beeinträchtigte, aber gerne verzichtet.

Die Mediengewohnte und längst mit namhaften Preisen Geehrte wird mit dem Nobelpreis in eine Höhe katapultiert, die ihr zu schaffen macht. Sie fühlt sich plötzlich ausgegrenzt: »Man ist pausenlos etwas Besonderes.« Die Erwartungshaltung ihrer Umgebung engt sie ein: »Eigentlich müsste man sich nun sogar noch übertreffen ...«, sagt sie in einem Interview kurz nach der Preisverleihung. Mit der Auszeichnung sind ja nicht nur internationaler Ruhm und eine beachtliche Geldsumme verbunden, sondern auch freiwillige, aber von den Preisträgern erwartete ehrenvolle Betätigungen: Mitarbeit in wichtigen nationalen und internationalen Gremien und Kommissionen, Vorträge und Symposien weltweit, wegweisende Publikationen in Fachzeitschriften und Beraterfunktionen bei wissenschaftspolitischen Entscheidungen.

Die »Nobelfrau« ist nun nicht mehr »nur« Wissenschaftlerin, sondern Repräsentantin ihres Landes für den Forschungsstandort Bundesrepublik und die Leistungsfähigkeit der deutschen Naturwissenschaft. Außerdem gilt sie als ein Paradebeispiel für die Durchsetzungskraft von Frauen in traditionellen Männerbastionen. Deutschland hat da zweifellos Nachholbedarf, aber nicht nur Deutschland: In der langen Liste der Medizin-Nobelpreisträger gibt es nur sieben Frauen, in der Sparte Chemie nur drei, in Physik sogar nur zwei. Ihre Namen sind weitgehend unbekannt – außer Marie Curie, die den Preis gleich zweimal, sowohl für Physik als auch für Chemie, erhielt. Die wichtigen Beiträge Lise Meitners zur Kernspaltung wurden vom Nobelkomitee nicht zur Kenntnis genommen – weil nicht sein kann, was nicht sein darf?

Die Ansicht, Mädchen seien für ein naturwissenschaftliches Studium ungeeignet, hat sich bis weit ins 20. Jahrhundert hinein gehalten, und auch heute noch sind Frauen in der Spitzenforschung deutlich unterrepräsentiert. Das liegt nicht mehr an der Diskriminierung weiblicher Studierender, sondern eher an der Unvereinbarkeit der Arbeitsbedingungen in der Forschung mit familiären Pflichten – und an der Lebensplanung der Frauen. Partnerschaft und Familie haben bei ihnen neben der wissenschaftlichen Entfaltung einen hohen Stellenwert, und längst nicht alle sind bereit, für ihre Forschungsvorhaben das Privatleben hintan zu stellen. Forschung aber, wie Christiane Nüsslein-Volhard sie betreibt, erfordert vollen Einsatz, erfordert Leidenschaft und auch den Ehrgeiz, sich mit neuen wissenschaftlichen Erkenntnissen durchzusetzen.

Früher Forscherdrang

Die im Oktober 1942 in Heyrothsberge bei Magdeburg geborene Christiane Volhard weiß schon als Kind, was sie einmal werden will: Naturforscherin und nichts anderes. Sie ist nicht etwa vorgeprägt durch das Elternhaus, der Vater ist Architekt, die Mutter Kindergärtnerin. Die vier Geschwister werden später alle eine eher künstlerische Laufbahn einschlagen. Nur Christiane fällt aus dem Rahmen mit ihrer frühen Begeisterung für Tiere und Pflanzen. In der Schule ist Biologie ihr Lieblingsfach, auch Chemie und Mathematik interessieren sie. Musik und Kunst liegen ihr mehr als Sprachen. In Englisch steht es schlecht um ihre Leistungen und in Latein, erinnert sie sich, habe sie meistens abgeschrieben. Lieber beschäftigt sie sich mit Verhaltensforschung. Beeinflusst von Konrad Lorenz und seinen Beobachtungen bei Graugänsen hält sie ihre Abiturrede am Schillergymnasium in Frankfurt am Main über die Sprache bei Tieren. Ihr Großvater, ein Herz- und Nierenspezialist, hat ihr möglicherweise die naturwissenschaftlichen Neigungen vererbt. In seinem Haus in Frankfurt hatte die Familie nach dem Krieg Zuflucht gefunden.

An der Goethe-Universität Frankfurt schreibt sich die noch immer stark an der Pflanzen- und Tierwelt Interessierte für das Fach Biologie ein, wechselt nach einigen Semestern jedoch zur Biochemie über und wird nach dem Diplom in Tübingen 1969 Doktorandin am dortigen Max-Planck-Institut für Virusforschung. Mit 30 wird sie im Fach Genetik promoviert. Als Dr. rer. nat. erhält sie ein zweijähriges Forschungsstipendium am Biozentrum Basel und danach ein Stipendium der Deutschen Forschungsgemeinschaft am Laboratorium des Insektenforschers Professor Klaus Sander an der Universität Freiburg im Breisgau.

Der Wissenschaft verschrieben

Zehn Jahre lang war die Entwicklungsbiologin mit dem Physiker Volker Nüsslein verheiratet, dann trennten sich die Wege des Paares. 1978 wird die Entwicklungsbiologin Forschungsgruppenleiterin am neu aufgebauten Europäischen Molekularbiologischen Laboratorium in Heidelberg. Hier beginnt die spannende Zusammenarbeit mit ihrem späteren Nobelpreis-Partner Eric F. Wieschaus. Gemeinsam erforschen sie die genetische Steuerung der embryonalen Entwicklung bei der Taufliege. Zehn Jahre später wählt Christiane Nüsslein-Volhard zusätzlich den Zebrafisch als geeignetes Forschungsobjekt bei den Wirbeltieren. So wird dieser Fisch durch sie zu einem Begriff in der Fachwissenschaft.

1981 zieht es die Forscherin von Heidelberg nach Tübingen ans dortige Max-Planck-Institut für Entwicklungsbiologie. Ihre Karriere führt steil nach oben: Von der Nachwuchsgruppenleiterin steigt sie in nur vier Jahren zur höchsten Stufe auf, sie wird Direktorin des Instituts, eine Stellung, die sie bis heute innehat. Die Arbeit im Labor und in der Verwaltung wird allerdings häufig unterbrochen durch Gastprofessuren an Spitzenuniversitäten in Amerika: Harvard, Yale, Rockefeller University New

York. Auch an der Tübinger Universität hält sie als Honorarprofessorin Vorlesungen.

Ein äußerst arbeitsintensives, aber geregeltes Leben. Dann fällt plötzlich, doch nicht ganz unerwartet, der Nobelpreis ein und sie steht mit einem Mal im Mittelpunkt des Medieninteresses. Nicht, dass man ihre Forschungsarbeit früher zu wenig beachtet hätte, mit all ihren Preisen und Ehrungen könnte sie eine ganze Laborwand schmücken. Viele Universitäten, unter anderem Utrecht, Princeton und Harvard – später auch Freiburg und München – verliehen ihr die Ehrendoktorwürde, die Deutsche Forschungsgemeinschaft zeichnete sie mit dem hoch angesehenen Leibnizpreis aus, doch der Nobelpreis ist die Krönung ihrer wissenschaftlichen Laufbahn.

Im Glanz des Nobelpreises

Welcher Wissenschaftler träumte nicht irgendwann von diesem Glanz und welches Forscherteam machte sich nicht Hoffnungen, mit seinen Arbeiten in die Liste der Preiswürdigen aufgenommen zu werden? Doch die Auswahlkriterien sind so hoch gesteckt, dass die Bibelworte »Eher geht ein Kamel durch ein Nadelöhr ...« angebracht scheinen. Jedes Jahr schlagen allein in den Naturwissenschaften 3.000 ausgewählte Experten aus aller Welt geeignete Kandidaten – oder als seltene Paradiesvögel Kandidatinnen – für ihr Fach vor. Den Nobel-Komitees obliegt es dann, die Vorschläge zu sichten und der Schwedischen Akademie der Wissenschaften sowie dem Karolinischen Institut in

Stockholm aus der Fülle der Bewerbungen die nach ihrer Ansicht preiswürdigsten vorzulegen.

Die Endauswahl wird in geheimen Sitzungen nach langen Diskussionen und zeitaufwendigem Einholen von Qualifikationsunterlagen getroffen. Die Öffentlichkeit erfährt jeweils Mitte Oktober die mit Spannung erwarteten Namen der Preisträger.

Doch schon vorher sickert meist durch, wer für die Endauswahl nominiert ist, und die vorgeschlagenen Wissenschaftler warten am Entscheidungstag nervös und hoffnungsvoll auf einen Anruf aus Stockholm.

Für Christiane Nüsslein-Volhard wird durch den Anruf die Hoffnung zur Gewissheit: Sie hat es geschafft. Und was sie besonders freut: zusammen mit ihr wird auch ihr Freund Eric F. Wieschaus ausgezeichnet. An konzentrierte Laborarbeit ist nun nicht mehr zu denken. Gratulationen, Interviews, Einladungen, offizielle Anlässe in festlichen Roben – dabei fühlt sie sich in Jeans viel wohler.

Doch vom ungewohnt feierlichen Zeremoniell bei der Preisübergabe in Stockholm ist sie begeistert. Sie, die sonst für Glanz und Gloria nicht viel übrig hat, genießt den Einzug der königlichen Familie, die Fanfaren und den Anblick all der früheren Preisträger im würdigen Frack. Die Feier findet traditionsgemäß am 10. Dezember, dem Todestag Alfred Nobels, statt. Er bringt die Preisrichter alljährlich in Gewissensnöte mit seiner testamentarischen Bestimmung, die Preise sollten an die Forscher gehen, »die im verflossenen Jahr der Menschheit den größten Nutzen geleistet haben«. Wie kann man so kurzfristig entscheiden, ob ein Forschungsergebnis der Menschheit nützt oder schadet? Hätte man ahnen können, dass Otto Hahns Entdeckung der Kernspaltung zum Bau der Atombombe beitragen würde? Oder dass das von Paul Müller zur Insektenbekämpfung entwickelte DDT massive Umweltschäden verursachen könnte? Und wer kann garantieren, dass die von der Tübinger Entwicklungsbiologin entdeckten Gene, die die Entwicklung von Lebewesen steuern, nicht auch Möglichkeiten des Missbrauchs in sich tragen?

Alfred Nobel selbst war überzeugt, dass wissenschaftliche Forschung stets ein Segen für die Menschheit ist. Und Christiane Nüsslein-Volhard äußert sich in einem *Spiegel*-Interview ähnlich: »Ich habe niemanden vor dem Tod gerettet und auch keine Therapie entwickelt, die Millionen heilt. Trotzdem glaube ich, dass neue Erkenntnisse in der Wissenschaft auch der Menschheit nützen.« – Ein Glaube, den nicht alle Wissenschaftler teilen. Wie war das mit der Eugenik im Dritten Reich? Sie lieferte beachtliche Forschungsergebnisse und war doch durch ihre menschenunwürdigen Experimente moralisch verwerflich.

Die Biologin bezeichnet diese Versuche an wehrlosen Menschen als Sündenfall der Wissenschaft. Es gebe tatsächlich Forscher, die vor nichts zurückschreckten, doch man dürfe mit diesen schwarzen Schafen nicht irrationale Ängste gegen die ganze Zunft wecken und damit neue Erkenntnisse blockieren. Als Beispiel nennt sie die gentechnische Herstellung von Insulin, die von Politikern über lange Zeit abgeblockt worden sei.

Wohin führt die Forschung?

Christiane Nüsslein-Volhards Forschungsarbeit findet nicht abgehoben von den Interessen der Öffentlichkeit statt, ihre Untersuchungen sind weit über ihr Wissenschaftsgebiet hinaus aktuell und liefern Stoff auch für ethische, religiöse und medizinische Grundsatzdiskussionen. Wann beginnt menschliches Leben? Eine Frage, die im Zusammenhang mit der Stammzellenforschung immer noch heiß diskutiert wird. Während für die Kirchen der Zeitpunkt der Befruchtung zählt, geht die Entwicklungsbiologin davon aus, dass der Mensch erst mit der Einnistung des Embryos in den Uterus der Mutter das volle Entwicklungsprogramm enthält: »Erst während dieser erstaunlichen und wundersamen Symbiose wird das Programm ausgeführt. Gene sind nicht alles, was der Mensch zur Menschwerdung braucht.« – Was braucht er noch? Die Forscherin spricht nüchtern von einem »Entwicklungsprogramm« – aber doch gleichzeitig von einer »erstaunlichen und wundersamen Symbiose«...

Den Experimenten des Klonens von Tieren und in fernerer Zukunft auch von Menschen steht sie skeptisch gegenüber. Die Euphorie über das erste geklonte Schaf Dolly hat sich inzwischen gelegt, selbst die Schöpfer haben eingesehen, dass 400 getötete Klone ein zu hoher Preis sind für das problematische Überleben eines einzigen Tieres.

Das im Herbst 2008 im britischen Unterhaus verabschiedete Embryonengesetz, das die Züchtung von Embryonen aus Menschen-Erbgut und Tier-Eizellen erlaubt, ist höchst umstritten. Während Gegner des Gesetzes eine missbräuchliche Züchtung von Zwitterwesen aus Mensch und Tier befürchten, erhofft sich Premierminister Gordon Brown durch das Embryonengesetz weitere und schnellere Fortschritte bei der Therapierung von Krankheiten wie Alzheimer, Parkinson oder Mukoviszidose – ein wissenschaftliches Dilemma.

Zu Tierversuchen in der humanmedizinischen Forschung äußert sich Christiane Nüsslein-Volhard vorsichtig. Sie schreibt: »Embryonale Stammzellen haben ein großes Potential für die Herstellung von bestimmten Zelltypen, die man zur Therapie bestimmter Krankheiten brauchen könnte ... So konnten z. B. bestimmte Defekte der Maus durch die transplantierten Zellen repariert werden. Diese Experimente sehen sehr vielversprechend aus: könnte man sie beim Menschen durchführen, so mag die Heilung von Krankheiten wie Parkinson und Diabetes möglich sein.« – Äußerungen im Konjunktiv.

Forscher sind daran interessiert, ihre Erfahrungen aus den Mausversuchen auch auf menschliche Zellen zu übertragen, doch das Herstellen von menschlichen embryonalen Stammzellen ist in der Bundesrepublik, im Gegensatz zu den meisten anderen Ländern, nicht erlaubt – ein Standortnachteil für deutsche Wissenschaftler. In ihrem Buch *Das Werden des Lebens – Wie Gene die Entwicklung steuern* unternimmt Christiane Nüsslein-Volhard den Versuch, die komplizierten Vorgänge in der Genforschung auch für Laien erfassbar zu machen. Allerdings setzt sie dabei die Messlatte sehr hoch an, sodass Leser erhebliche Vorkenntnisse mitbringen müssen.

Wer wissen möchte, wie es die Forscherin mit der Religion und dem Verhältnis von Wissenschaft und Glauben hält, findet in ihren Aussagen keine entsprechenden Hinweise. Wissenschaft beruht auf Beweisen, Glauben dagegen auf Vertrauen.

Dass Christiane Nüsslein-Volhard nicht L'art-pour-l'art-Wissenschaft betreibt, sondern ihre Forschungsergebnisse auch wirtschaftlich im Rahmen eines Unternehmens verwertet sehen wollte, überrascht bei der Vitalität und dem Durchsetzungsvermögen der umtriebigen Biologin nicht. Eine 1998 gemeinsam mit einem Pharma-Manager und einem Genetiker gegründete Biotechnologie-Firma, die sich auf die Entwicklung gentechnisch hergestellter Medikamente spezialisiert hat, wurde allerdings vor einigen Jahren verkauft.

Für eine Lockerung des Gentechnik-Gesetzes und eine Unterstützung grüner Gentechnik hat sich die Direktorin des Tübinger Max-Planck-Instituts schon seit Langem eingesetzt. Als Präsidentin der Gesellschaft Deutscher Naturforscher und Ärzte fordert sie von den Behörden mehr Schutz der gentechnischen Versuchsanlagen. Es gehe nicht an, dass Versuchsfelder mit gentechnischen Züchtungen durch fanatische Gegner regelmäßig zerstört würden und Politiker dem tatenlos zusähen. Die Bemühungen der Forscher um eigene neue Pflanzenzüchtungen würden in Deutschland noch immer weitgehend blockiert. Dabei biete die grüne Gentechnik gerade für einen nachhaltigen Umgang mit der Natur wichtige Zukunftsperspektiven. Tonnen von Insektengiften könnte man durch den Anbau passender gentechnisch veränderter Pflanzenarten einsparen ...

Die Kritiker der Genversuche lassen sich von dieser Argumentation nicht überzeugen, obwohl die vehemente Verfechterin der Gentechnik weitere Vorteile gentechnisch veränderter Nahrungsmittel anzuführen weiß, zum Beispiel die Entwicklung von Pflanzensorten, die extremen Klimabedingungen standhalten. So könnten höhere Ernteerträge die zukünftige Ernährung der Weltbevölkerung sichern. Doch die Gegner grüner Gentechnik treibt die Angst vor unkontrollierbaren Folgen für Natur und Mensch um und das Unbehagen an »manipulierten« Nahrungsmitteln.

Während bei der grünen Gentechnik die Meinungen auseinander driften, erntet Christiane Nüsslein-Volhard für ein von ihr gegründetes Hilfsprojekt für Nachwuchsforscherinnen einhelliges Lob:

Stiftung für junge Wissenschaftlerinnen mit Kindern

Dass in der naturwissenschaftlichen Forschung und insbesondere in Spitzenpositionen Frauen nur selten anzutreffen sind, ist eine längst bekannte Tatsache. Doch woran liegt es, dass Studentinnen mit glänzendem Abitur und hoffnungsvollem Einstieg in ein naturwissenschaftliches Studium irgendwann auf der Karriereleiter stecken bleiben und es nicht bis zur Spitze schaffen? Bildungspolitiker führen mit Vorliebe das Argument an, Frauen verzichteten ja oft freiwillig auf eine Topstellung, um mehr Zeit für Familie und Kinder zu haben. Das stimmt, nur das Wort »freiwillig« ist irreführend. Wie könnten denn junge Wissenschaftlerinnen neben anspruchsvollen Forschungsaufgaben auch noch für Haushalt und Kinder sorgen, wenn auch der Mann beruflich sehr eingespannt ist oder sie sich als Alleinerziehende durchschlagen müssen? Dass ihre Karrierechancen in anderen Ländern mit Ganztagsschulen, Krippen und Kindertagesstätten größer sind, haben auch Parteien und Politiker eingesehen, aber die bis jetzt angekurbelten Fördermaßnahmen greifen zu wenig, es mangelt an Geld für wegweisende Projekte und an kreativer Fantasie bei Behörden und Bildungseinrichtungen.

Genau bei diesem Manko setzt die Stiftung an, die Christiane Nüsslein-Volhard gegründet hat, um jungen, hochbegabten Wissenschaftlerinnen bei der Kinderbetreuung eine finanzielle Hilfestellung zu geben. Denn in der Forschung können junge Mütter sich nicht für ein Babyjahr oder auf Teilzeit zurückziehen, ihre Projekte verlangen dauernde persönliche Präsenz. Die Stifterin, selbst kinderlos, gibt jährlich sieben oder acht Stipendiatinnen die Möglichkeit, ihre Forschungsvorhaben auch mit Kind oder Kindern finanziell abgesichert fortzuführen. Durch diese Unterstützung hofft sie, mehr hochqualifizierten Frauen den Weg zur Spitzenforschung zu erleichtern. Denn noch immer ist diese, nicht nur an den Universitäten, männerorientiert. Bei der Max-Planck-Gesellschaft gibt es zurzeit 248 Direktoren, aber weniger als 20 Direktorinnen, von denen etwa die Hälfte alleinstehend ist. Nur wenige haben Kinder, während bei den Männern die meisten verheiratet sind und auch Kinder haben. Ein Missverhältnis, das dringend der Korrektur bedarf. Die seit 2004 bestehende Christiane Nüsslein-Volhard-Stiftung unterstützt forschungsorientierte Doktorandinnen und Postdoktorandinnen mit Kindern durch einen Zuschuss für Hilfe im Haushalt oder Kinderbetreuung.

Nach Ansicht der Stifterin werden Karrieren durch soziale Netzwerke gefördert, die überwiegend männlich dominiert sind. Dabei spielen – in Deutschland besonders ausgeprägt – noch immer Rollenvorurteile mit: Rabenmutter, weibliche Führungsschwäche, fehlende Sachlichkeit oder mangelnde wissenschaftliche Kompetenz sind Prägestempel. Selbstbewusstes Auftreten einer »Karrierefrau« wird häufig als hart, arrogant und herrisch interpretiert, während bei Männern diese Eigenschaft positiv bewertet wird.

Ihren Vortrag »Mehr Frauen an die Forschungsfront« schließt Christiane Nüsslein-Volhard mit fünf Wünschen:

»An die Frauen: Ich wünsche mir, dass begabte Frauen nicht nach Jahren der Förderung aufgeben zugunsten eines bequemeren, aber abhängigen Jobs und dass sie nicht zu schnell über Diskriminierung klagen. Dass sie mehr Selbstbewusstsein und Mut zur Macht haben und Leitungsfunktionen mit all ihren Ansprüchen auch übernehmen wollen. Dass sie sich in der Ausübung dieser Funktionen gegenseitig loyal unterstützen.

An die Männer: Ich wünsche mir, dass Männer als Vorgesetzte ihre persönliche Einstellung gründlich und konsequent erforschen und die Kompetenz von Frauen fair und objektiv einschätzen. Dass sie die Fehler der ersten weiblichen Mitarbeiterin nicht gleich allen weiteren anlasten.

Dass sie sich so verhalten, dass Frauenbeauftragte bei Berufungen überflüssig werden.

Ich wünsche mir, dass man endlich wie in anderen Ländern auch in Deutschland mit vollkommener Selbstverständlichkeit seine Kinder in Kindertagesstätten und Ganztagsschulen gut erziehen und betreuen lassen kann. Das allein kann den Frauen, die sich für den Beruf der Forscherin eignen, die nötige Planungssicherheit geben.

Ich wünsche mir, dass bald so viele Frauen leitende Stellen innehaben, dass Frauenförderprogramme sich erübrigen. Dass Frauen in Gremien allein wegen ihrer Kompetenz gefragt sind und nicht, um dafür zu sorgen, dass nicht diskriminiert wird, oder um irgendwelche Quoten zu erfüllen.

Und ich wünsche mir viel mehr Takt als bisher auf dem weiten Weg dahin.«

Fünf durchaus realisierbare Wünsche, die von den Angesprochenen hoffentlich zur Kenntnis genommen und beherzigt werden.

»... UND ABENDS EIN PAAR TAKTE FLÖTE«

Die Gedichtzeile eines viel beschäftigten Psychiaters könnte auch für die Max-Planck-Direktorin gelten. Sie entspannt sich nach konzentrierter Forschungsarbeit beim Flötenspiel. Musik erfordert eine andere, aber nicht weniger kreative Art von Konzentration als die Tätigkeit im Labor. Als Lieblingskomponisten nennt die musisch begabte Wissenschaftlerin neben Bach und Mozart auch

Brahms und Schubert, deren Lieder sie besonders schätzt
– und singt.

Bewegung an der frischen Luft verschafft sich die im kleinsten Tübinger Stadtteil Bebenhausen Wohnende bei der Gartenarbeit und Gartengestaltung. Ein weiteres Hobby ist das Kochen. Es macht ihr Spaß, mit wenig Aufwand originelle Gerichte zuzubereiten, sie hat ihre Experimente am Herd sogar in einem Kochbuch festgehalten: *Einfaches zu besonderen Anlässen*. Dass sie – nach oft nächtelangem Durcharbeiten – auch das Faulenzen richtig genießen kann, betont sie besonders.

Reisen gehört nicht zu ihren Hobbys, sondern zu den als bereichernd empfundenen »Pflichtaufgaben«. Als Mitglied der Royal Society, England, der National Academy, USA, des Scientific Council der EU und des Ethikrats der Bundesregierung ist sie international gefordert – oft mehr, als ihr lieb ist. Gerne würde sie diese ehrenvollen Aufgaben mit anderen deutschen Spitzenforscherinnen teilen, aber die Siegertreppchen bleiben leer: zu wenig Frauen wagen sich in solche Höhen.

Junge Wissenschaftlerinnen, glaubt die Nobelpreisträgerin, könnten sich eine solche Karriere oft gar nicht vorstellen, sie brauchten Vorbilder, die ihnen Orientierung böten. Im sozialen Bereich gibt es diese Vorbilder: Mutter Teresa; Ruth Pfau, die Nonne und Lepraärztin in den Slums von Karachi; oder Monika Hauser, die mit dem »Alternativen Nobelpreis 2008« ausgezeichnete Gynäkologin und Gründerin von medica mondiale.

In den Naturwissenschaften müsste man auf Marie Curie zurückgreifen oder auf deren Tochter, die Chemikerin Irène Joliot-Curie. Zu Deutschland fallen befragten Studentinnen keine berühmten Wissenschaftlerinnen ein. Könnte nicht die Verleihung des Nobelpreises an eine deutsche Forscherin Ansporn für junge Naturwissenschaftlerinnen sein? Mit ihrem Elan und Ehrgeiz, ihrer Zähigkeit und Zielstrebigkeit, ihrer Neugier und ihrem unkonventionellen Denken zeigt Christiane Nüsslein-Volhard Nachwuchsforscherinnen Wege in eine Zukunft auf, die zwar steinig sind, aber neue, spannende Horizonte eröffnen, auch wenn sie nicht unbedingt zu Nobel-Ruhm führen.

Mit Emma *ins feministische Gefecht*

ALICE SCHWARZER
(*1942)

> »Feminismus ist keine Partei und keine Organisation, sondern Ausdruck eines Bewusstseins.«
> ALICE SCHWARZER

Emma ist Alice Schwarzer und Alice Schwarzer ist *Emma* – wohl kein anderes Frauenmagazin ist so stark und unverwechselbar an eine Person gebunden, und das seit mehr als 30 Jahren. Das Magazin der Feministinnen ist mit Alice Schwarzer älter und zahmer geworden, aber unverwechselbar ist es noch immer. Viele Zeitschriften mit wohlklingenden Frauennamen sind im Laufe der Zeit auf den Markt gekommen, die meisten verschwanden wieder, ohne eine spürbare Lücke zu hinterlassen. Einige haben sich gehalten, sie kommen einerseits eher bieder daher, mit Alltagstipps und Kummerkasten, andererseits auf Hochglanz, Lifestyle vermittelnd. Von den bunten Gazetten gar nicht zu reden, die ihre Leserinnen an Liebesdramen und Traumhochzeiten teilhaben lassen. *Emma* ist anders. Wohltuend reklamefrei, frech provozierend in der Anfangszeit und gelegentlich noch heute. Bewusst meinungsbildend, auf Fraueninteressen jenseits von Glanz und Glimmer fokussiert. Selbst Männer kommen gelegentlich zu Wort, dann ist *Emma* toleranter geworden in den letzten Jahren, auch wenn sie nach wie vor eine »Zeitschrift von Frauen für Frauen« sein will, feministisch geprägt, aber nicht nur für Feministinnen attraktiv.

Da Alice Schwarzer mit *Emma* identisch ist, Verlegerin, Herausgeberin und Chefredakteurin in einem, lässt sich diese Einheit kaum aufspalten, das hat sich Anfang 2008 gezeigt, als sich die Chefredakteurin Schwarzer von diesem Posten entlasten wollte, um mehr Zeit zum Bücherschreiben zu haben. Es ging nicht gut. Die neue Chefredakteurin Lisa Ortgies, die zuvor das Fernsehmagazin *frau tv* beim Westdeutschen Rundfunk moderiert hatte, warf das Handtuch schon nach zwei Monaten, weil sie ihre eigenen Vorstellungen nicht umsetzen konnte. Nun ist die Gründungsredakteurin Schwarzer wieder allein verantwortlich für ihr Blatt, »ihr Kind«, wie sie es nennt, und wird es wohl nach den fehlgeschlagenen Abnabelungsversuchen auch bleiben. Ihre Energie ist ungebrochen und das Rentenalter keine Zäsur in ihrem Leben.

Sie kämpft noch immer, nicht mehr so sehr um Aufmerksamkeit und Anerkennung, die hat sie – neben heftigsten Anfeindungen – reichlich bekommen. Die Trägerin des Bundesverdienstkreuzes am Bande wurde in Frankreich mit dem Titel »Ritter der Ehrenlegion« ausgezeichnet (Ritterinnen gibt es zu ihrem Bedauern nicht), 2005 war sie »Journalistin des Jahres«, 1997 wählte sie der Staatsbürgerinnenverband zur »Frau des Jahres«, in ihrer Geburtsstadt Wuppertal erhielt sie den Von-der-Heydt-Preis als Vorkämpferin der deutschen Frauenbewegung. Ihre Bücher stehen auf Bestsellerlisten und ihre Fernsehauftritte haben als Event hohe Einschaltquoten. Kummer dagegen machen ihr, wie den meisten Printmedien, die sinkenden Auflagenhöhen. Das liegt nicht nur an der wirtschaftlichen Rezession, sondern auch am veränderten Rollenbewusstsein der jüngeren Frauen. Ihren Müttern hat Alice Schwarzer einst den Rücken gestärkt für eine Befreiung aus patriarchaler Abhängigkeit. Die Saat ist bei den Töchtern aufgegangen. Das Motto der Frauenbewegung »Vereint sind wir stark« zündet bei ihnen nicht mehr, sie gehen selbstbestimmt und selbstbewusst ihrer Wege, schließen sich zusammen, wenn sie das Bedürfnis danach haben, sind aber nicht auf die Nestwärme in feministischen Wohngruppen angewiesen. Sie schmökern in Frauenbuchläden, unterstützen Frauenprojekte in der Dritten Welt, lesen *Emma*, wenn sie ein Thema interessiert, aber das Blatt ist ihnen nicht mehr Richtschnur für ein emanzipiertes Leben. Die Farbe Lila hat ausgedient als Symbol weiblicher Solidarität. Mit einer Auflage von 80.000 Stück galt *Emma* 1987, zehn Jahre nach der Gründung, als größte feministische Zeitschrift Europas, heute werden nur noch halb so viele Exemplare gedruckt – eine herbe Einbuße.

Mit kühnen 200.000 Exemplaren ist *Emma* 1977 an den Start gegangen, begleitet von hämischen und überheblichen Kommentaren: typisches Frauenprojekt, naiv und größenwahnsinnig. In der Tat hat die Verlegerin weder Geschäftserfahrung und Branchenkenntnis noch das nötige Kapital, um eine Zeitschrift dieser Größenordnung über die ersten schwierigen Runden zu bringen. Doch sie hat etwas anderes: ein festes Ziel, einen zähen Willen und das nötige Selbstbewusstsein, Sponsoren von ihrem Projekt zu überzeugen. So leistet der Hamburger Mäzen Jan

Philipp Reemtsma eine Anschubfinanzierung und die Frankfurter Psychoanalytikerin Margarete Mitscherlich zeigt sich ebenfalls großzügig. Ihr Vertrauen wird nicht enttäuscht. Die 200.000 Exemplare sind im Nu verkauft, ohne Werbung, nur durch Mundpropaganda. Die Verlegerin ist mit sicherem Instinkt in eine Marktlücke gestoßen. Aber es ist nicht nur ihr Gespür für griffige, in der Luft liegende Themen, das den Verkaufserfolg ausmacht, es ist ihr Name: Alice Schwarzer. Ein Name, der für Provokation steht und die Gemüter polarisiert: Die einen sprechen ihn mit Bewunderung aus, die anderen mit Abscheu, ja, sogar Hass. Das hängt vor allem mit ihren Aktionen gegen den § 218 und mit ihrem provozierenden Buch *Der »kleine Unterschied« und seine großen Folgen* zusammen, mit riskanten Themen, die zum ersten Mal offen angesprochen werden, Tabubrüchen, die Alice Schwarzer in die Medien und an die Stammtische bringen. Sie ist bekannt wie ein bunter Hund – eine gute Ausgangslage für *Emma*. Schon nach einer Woche müssen 100.000 Exemplare der ersten Nummer nachgedruckt werden, *Emma* lehrt die spöttelnde Konkurrenz das Fürchten. Frauen verstecken das »Aufhetzblatt« vor ihren Männern, Männer kaufen es heimlich am Kiosk. Das Konzept, alle Themen »vom Standpunkt der Betroffenheit der Frauen her« zu erarbeiten und ihren Kampf »gegen Erniedrigung und Benachteiligung« zu unterstützen, entspricht offensichtlich einem Bedürfnis. Man müsse die Unsicherheit der Frauen, ihr Unbehagen an der ihnen zugewiesenen Rolle nicht nur aus der augenblicklichen Situation heraus zu verstehen suchen, sondern tiefer loten, befindet die Psychoanalytikerin

Margarete Mitscherlich: »Die Orientierungsschwierigkeiten, wie man sich denn nun als Frau verhalten soll, sind groß … Es ist eine nur mühsam zu leistende Aufgabe, sich von tiefsitzenden psychischen Identifikationen zu befreien, die in den prägenden Erlebnissen der Kindheit ihre Wurzeln haben.« Da scheint wieder die These Simone de Beauvoirs durch: »Man kommt nicht als Frau zur Welt, man wird dazu gemacht.« Eine seit Jahren zwischen Feministinnen und Vertreterinnen einer »genbedingten Andersartigkeit der Frau« geführte Diskussion, die von beiden Seiten mit fundamentalistischer Überzeugung geführt wird.

Alice Schwarzer geht in *Emma* im Laufe der Zeit immer wieder auf Konfrontationskurs. 1978 erhebt sie beim Landgericht Hamburg Klage gegen den *Stern,* weil Frauen auf den Titelseiten »als bloße Sexobjekte« dargestellt würden. Einige Jahre später startet sie eine groß angelegte Anti-Porno-Kampagne gegen die Entwürdigung und Erniedrigung der Frau durch pornografische Darstellungen. »Pornografie ist eine direkte Reaktion auf die Emanzipation«, schreibt sie, Frauen ließen sich nun nicht mehr so selbstverständlich als Sexobjekte missbrauchen. Im Zentrum ihrer Kritik stehen Aktfotos des Fotografen Helmut Newton, die sie als sexistisch, faschistisch und rassistisch brandmarkt. Das führt zu einer gerichtlichen Auseinandersetzung mit Newton. Das Thema Pornografie hält Schwarzer für wichtig, weil dabei Sexualität an Gewalt und Erniedrigung gekoppelt ist. Sie möchte Frauen sensibilisieren für entwürdigende Darstellungen ihres Körpers, möchte dabei aber nicht als prüde abgestempelt werden – eine Gratwanderung wie manche ihrer Aktionen.

Eines ihrer Dauerthemen ist »Gewalt gegen Frauen«. Natürlich gibt es seit einigen Jahren Frauenhäuser, in denen misshandelte Frauen Zuflucht vor ihren Peinigern finden. Es gibt Frauenzentren und Beratungsstellen, die Hilfe anbieten. Aber längst nicht alle Frauen suchen sie auf, aus Unwissenheit, aus Scham, aus Angst vor dem Heraustreten aus der Anonymität. Gewalt gegen Frauen ist nicht, wie häufig angenommen, ein Unterschichtenproblem, auch in gutbürgerlichen Kreisen wird geschlagen und vergewaltigt. Die Briefe, die *Emma* zum Thema Gewalt und speziell Gewalt in der Ehe erreichen, geben Zeugnis davon. *Emma* ist für Hilfe suchende Frauen zu einer Anlaufstelle geworden, eine nicht institutionalisierte Institution.

Mit dem Gewaltthema eng verknüpft ist die Prostitution. Recherchen im Rotlichtmilieu sind nicht ungefährlich und müssen, wie das Thema Kinderpornografie, mit besonderer Vorsicht angegangen werden. In einem *Spiegel*-Gespräch vom Oktober 2007 macht Alice Schwarzer die Legalisierung der Prostitution in Deutschland verantwortlich für die Zunahme von meist aus Ostländern stammenden Prostituierten. Die Kontrolle der Bordelle und des Straßenstrichs durch die Polizei sei schwieriger geworden, da es sich ja um ein legales Gewerbe handle und den Zuhältern der Gesetzestext genau bekannt sei. Weil sich eine wirksame Prävention in den Herkunftsländern nicht durchführen lasse, müsste die Polizei in Deutschland wieder mehr Möglichkeiten erhalten, das Milieu zu kontrollieren, fordert sie, befreite Zwangsprostituierte dürften nicht in ihre Heimatländer abgeschoben werden und müssten Ausstiegshilfe erhalten. Die Bekämpfung von

Frauenhandel – oft sind Minderjährige die Opfer – dürfe nicht allein den Hilfsorganisationen überlassen werden, sondern erfordere ein wirksameres staatliches Durchgreifen. *Emma* wird das Thema weiter im Visier behalten.

Ein besonders heißes Eisen, das Alice Schwarzer noch immer im Feuer hat, ist der Kampf gegen die Unterdrückung und Rechtlosigkeit vieler islamischer Frauen in der Bundesrepublik. Von der eigenen Familie an der Integration in die deutsche Gesellschaft gehindert und den Regeln der Scharia unterworfen, existieren sie in einer Parallelgesellschaft, die Menschenrechte und deutsche Rechtsprechung verachtet. Zwangsehen und Ehrenmorde werden weiterhin begangen.

Alice Schwarzer ruft auch immer wieder die grausamen Praktiken weiblicher Genitalverstümmelung ins Bewusstsein, welche Mädchen und Frauen zu lebenslang Geschädigten machen. Der erste Beitrag zu diesem schockierenden Thema erschien 1977, der letzte 2009; dazwischen liegen 32 Jahre, ohne dass sich viel geändert hätte. Noch immer fallen weltweit jährlich drei Millionen Mädchen dieser Tortur zum Opfer, auch in Westeuropa. Eine frustrierende Bilanz.

Alice Schwarzer kam am 3. Dezember 1942 in Wuppertal zur Welt. Unehelich. Das galt damals – für die junge Generation nicht mehr nachvollziehbar – noch als Schande, nicht nur für die Mutter, auch für das Kind. Da half es nichts, dass die kleine Alice eine eifrige Kirchgängerin ist und bei der Fronleichnamsprozession stets einen Platz in der ersten Reihe sucht. Sie wächst bei den Großeltern auf, einem liebevollen Großvater, der einen kleinen Tabakladen betreibt, und einer politisch engagierten Großmutter, die die Nazis hasst und der Enkelin früh beibringt, dass man sich gegen Unrecht wehren muss. Wenn in ihrer Biografie zu lesen ist: »Geprägt von der gesellschaftlichen Randständigkeit ihrer Familie: als uneheliches Kind aus sozial deklassiertem Bürgertum ...«, so entspricht dies dem Zeitgeist der 68er, wo es für politisch und gesellschaftlich Engagierte vorteilhaft war, aus dem Proletariat zu stammen. Alice wird in einem katholischen fränkischen Dorf, wohin die Familie nach dem Krieg evakuiert wurde, eingeschult, besucht später im protestantischen Wuppertal den Konfirmandenunterricht, ohne aus der katholischen Kirche auszutreten. Diesen Schritt tut sie erst viel später unter dem Eindruck des kirchlichen Verdikts gegen die Abtreibung.

Nach dem Besuch der Handelsschule absolviert sie eine kaufmännische Lehre, arbeitet in Düsseldorf und München als Sekretärin und finanziert sich durch Nebentätigkeiten ein Sprachstudium in Paris. In der aufgeheizten Atmosphäre der 68er-Zeit ist sie Redakteurin bei den *Düsseldorfer Nachrichten* und Reporterin bei der satirischen Zeitschrift *Pardon* in Frankfurt. 1970 zieht es sie wieder nach Paris, dem Ausgangspunkt der nach Deutschland übergreifenden Protestaktionen der Studenten- und Frauenbewegung. Sie schreibt als freie Korrespondentin für Funk- und Printmedien und studiert nebenher Psychologie und Soziologie an der soziologischen Fakultät Vincennes. Mittwochabends trifft sie sich in der Mensa der Beaux Arts mit Vertreterinnen der sich neu bildenden Frauenbewegung und ist fasziniert von diesen Begegnungen: »Wir waren 16 oder 60 Jahre alt, bekannte Schriftstellerinnen und Schauspielerinnen oder unbekannte Studentinnen und Sekretärinnen;

wir lebten (überwiegend) mit Männern oder (in der Minderheit) mit Frauen oder auch allein; wir waren in Paris, Algier, Moskau, Rio oder Wuppertal geboren; und wir waren wie im Rausch.«

Alice Schwarzers Einstieg in die Frauenbewegung. Alle haben sie Simone de Beauvoirs *Das andere Geschlecht* gelesen, das Buch ist eine Art Geheimcode der Verständigung. Auch für die 28-jährige Feministin aus Wuppertal sind die Gedanken der Beauvoir Evangelium: die Selbstbestimmung der Frau, die Hoheit über den eigenen Körper, die Ablehnung der »neuen Weiblichkeit« – alles Themen, die Frauen auch in Deutschland bewegen, die sie aber nicht öffentlich aussprechen. Nach der spektakulären Selbstbezichtigung von 343 Französinnen im *Nouvel Observateur* mit der Überschrift »Wir haben abgetrieben«, die großes Aufsehen erregt und die Nation in zwei Lager spaltet, beschließt Alice Schwarzer, ganz im Sinne Beauvoirs, auch in Deutschland Frauen zu einer ähnlichen Aktion zu motivieren. Sie schreibt im Essay *Sind Frauen gemeinsam stark?* über ihre Erfahrungen: »Damals lag Deutschland noch im Dornröschenschlaf in Sachen Emanzipation. Die Nazis hatten eben auch in Sachen Frauenemanzipation Tabula rasa gemacht, und die Töchter der BDM-Mädchen und Trümmerfrauen taten sich schwerer als ihre aufmüpfigen Nachbarinnen.« Sie schildert, wie sie im Frühjahr 1971 viele Städte abklappert und Klinken putzt, um Unterschriften von Frauen für die Selbstbezichtigungs-Aktion zu bekommen.

Am 6. Juni 1971 veröffentlicht der *Stern* Schwarzers Bericht mit den Namen von 374 deutschen Frauen, die abgetrieben haben und dieses Recht auch für andere Frauen fordern. Prominente Namen finden sich darunter, Romy Schneider, Senta Berger, Sabine Sinjen oder Carola Stern, und im Anschluss an die Veröffentlichung tragen sich Tausende von Frauen, die die Aktion unterstützen, in Listen ein. Die Initiatorin dieser erfolgreichen Bürgerinitiative schreibt stolz: »Die Aktion 218 überrollte wie eine Lawine das ganze Land und wurde zum Auslöser der neuen deutschen Frauenbewegung.« Doch diese Bewegung wächst nie zu einer solidarischen Gruppe zusammen, trotz des Mottos »Gemeinsam sind wir stark.« Alice Schwarzer gibt die Schuld den Berührungsängsten der Linken mit den Bürgerlichen und dem Hochmut der jungen Alternativen gegenüber den älteren Etablierten. Sie konstatiert später den Tod der Frauenbewegung, aber das Weiterbestehen eines »gesellschaftlich allgegenwärtigen Feminismus«. Dass die stark von ihr geprägte Frauenbewegung keine Solidargemeinschaft bildet, könnte auch mit der Ablehnung der Aktion 218 durch viele bürgerliche, christlich orientierte oder grüne Frauen zusammenhängen, die dem Leben des ungeborenen Kindes einen anderen Stellenwert zumessen und sich von »Mein Bauch gehört mir«-Parolen abgestoßen fühlen. Sie sind irritiert darüber, mit welcher Selbstgewissheit Schwarzer über »religiöse Fundamentalisten« urteilt, die »auch 38 Jahre nach dieser so mutigen spektakulären Aktion« Frauen noch immer den Abbruch einer ungewollten Schwangerschaft verbieten. »Nur im erzkatholischen Polen sind Frauen in Europa heute noch so entmündigt, wie in Deutschland«, befindet sie nicht weniger fundamentalistisch. Ein Absolutheitsanspruch, den auch ihre Lehrmeisterin Simone de Beauvoir formuliert haben könnte.

Paris – Berlin – Köln

In Paris ist Alice Schwarzer zur Feministin geworden, beeindruckt von den »Französinnen im Aufbruch« und beeinflusst von Simone de Beauvoir, mit der sie lange Gespräche geführt hat, hingerissen »von der Kühnheit ihrer Visionen«. In *Weggefährtinnen im Gespräch* berichtet sie über diese Begegnungen. 1974 bricht sie ihre Zelte in Paris endgültig ab, nachdem ihr erstes Buch *Frauen gegen den § 218* in Deutschland Furore gemacht hat. Sie lässt in ihrem Pariser Domizil ihren Freund Bruno zurück, mit dem sie neun Jahre zusammengelebt hat und dem sie erst klarmachen musste, dass fürs Geschirrspülen und Wäschewaschen beide zuständig sind. Sie zieht nach Berlin, in eine Wohngemeinschaft mit zwei Frauen, und sammelt Material zum Thema Frauenunterdrückung.

Im Februar 1975 lädt der WDR Alice Schwarzer zu einem Streitgespräch mit Esther Vilar ins Studio ein, zwei Bestsellerautorinnen mit radikal gegensätzlichen Ansichten über die Stellung der Frau in der Gesellschaft. Während Alice Schwarzer die Unterdrückung der Frau anprangert, vertritt die Ärztin und Psychologin Esther Vilar in ihrem Buch *Der dressierte Mann* die Ansicht, die Frauen beuteten die Männer aus. Die beiden wortgewandten und schlagfertigen Frauen werden ohne Moderation aufeinander losgelassen, und Schwarzer geht mit einem leichten Vorsprung aus dem Rededuell hervor. Ein Vierteljahrhundert später ist es umgekehrt. Da geht es in der Johannes B. Kerner Show nicht mehr so sehr um ein Rededuell mit der aus Bolivien stammenden TV-Moderatorin und ehemaligen Schönheitskönigin Verona Feldbusch, sondern um die Lässigkeit des Seins der Jüngeren und Attraktiveren, auf deren nonchalante Schlagfertigkeit die Schwarzer verbissen reagiert mit den Worten: »Ich möchte das lippengeschürzte Weibchen nicht mehr sehen.« 1:1 im Schlagabtausch Feministin contra Weibchen. Da fehlte nur noch die frühere ARD-Nachrichtensprecherin Eva Herman, die in ihrem Buch *Das Eva-Prinzip* traditionelle Geschlechterrollen verteidigt.

Durch das Fernsehduell mit Esther Vilar ist Alice Schwarzer zur bekanntesten deutschen Feministin geworden und auch im hintersten Dorf ein Begriff. Das im Herbst 1975 herausgekommene Buch *Der »kleine Unterschied« und seine großen Folgen,* das von der Sexualität als Unterdrückungsmittel gegen die Frau handelt, ist wieder eine bewusste Provokation. Die Autorin schreibt im Vorwort, ihr sei klargeworden, dass die Sexualität der Angelpunkt der Frauenfrage ist: »Hier steht das Fundament der männlichen Macht und der weiblichen Ohnmacht. Das aufzubrechen, Frauen zu zeigen, dass ihre angeblich persönlichen Probleme zu einem großen Teil unvermeidliches Resultat ihrer Unterdrückung in einer Männergesellschaft sind, ist eines meiner ersten Anliegen.« Das Buch, das in 17 Interviews das Sexualleben von Frauen schildert, wird, wie zu erwarten war, heftig kritisiert. Herausfordernd geht die Autorin damit auf eine Lesereise quer durch die Bundesrepublik, angekündigt unter Anspielung auf Virginia Woolf mit dem Titel: *Wer hat Angst vor Alice Schwarzer?*

Im Herbst 1976 zieht Alice Schwarzer nach Köln und gründet verwegen die Emma Frauenverlags GmbH. Wenige Monate später geht die erste Nummer der autonomen feministischen Zeitschrift *Emma* in Druck. Die Chefredakteurin ist auch Initiatorin und Vorstandsvorsitzende des »FrauenMediaTurm – Das feministische Archiv und Dokumentationszentrum« in Köln, eine Art Festung, in der auch die *Emma*-Redaktion untergebracht ist. Da hat man, wie die Journalistin Susanne Gaschke berichtet, nicht einfach ein Büro, »da residiert frau«. Alice Schwarzer ist angekommen, wo sie schon immer hinwollte: »Ich habe schon als Volontärin begriffen, dass es wichtig ist, eine Position zu erreichen, wo einen nicht mittelmäßige Leute bevormunden können.«

Im Januar 1987, zum zehnjährigen Bestehen von *Emma*, führen Margrit Gerste und Susanne Mayer für die *Zeit* ein langes Gespräch mit Alice Schwarzer, eine Art Standortbestimmung. Die Auflagenhöhe ist von den sagenhaften 300.000 monatlich gedruckten Exemplaren auf 80.000 geschrumpft, scheint sich auf dieser Höhe aber einzupendeln, zumal *Emma* nicht nur Frauen aus der Frauenbewegung anspricht. Die Ausrichtung ist jedoch nach wie vor feministisch. Die Herausgeberin fühlt sich als Radikal-Feministin, die jede Rollenzuweisung im Namen der Natur ablehnt, und beruft sich dabei auf die Vorkämpferinnen der alten radikalen Frauenbewegung Anita Augspurg und Lida Gustava Heymann, während sie

Helene Langes und Gertrud Bäumers »Kokettieren mit dem Anderssein der Frau« ablehnt und entsetzt ist über die heute wieder zelebrierte neue Innerlichkeit auch bei vielen Linken, die »zur Mystifizierung der Mutterschaft und zur Fixierung auf sogenannte weibliche Werte (wie Sanftheit und Friedfertigkeit)« geführt hätten. Auf die Frage der Interviewerinnen, ob sie in der Tradition Simone de Beauvoirs die Familie als Exerzierplatz männlicher Dominanz und weiblicher Unterwerfung sehe, antwortet sie: »Absolut.« Und auf die Frage nach der Verbindung emanzipatorischer Bedürfnisse und dem Wunsch nach Kindern antwortet sie: »Ich denke, dass man als Mensch anstreben sollte, ein maximal selbstbestimmtes Leben zu führen. Und ein Kind kann da natürlich eine enorme Last sein.« Dass bei den Grünen nicht alle für eine Freigabe der Abtreibung sind, ärgert sie, aber »dass gerade da diese Lebensschutzideologie so wabert, wundert mich gar nicht ...« Sie tut sich schwer mit der Akzeptanz anderer Meinungen. Gefragt, ob sie auch Schwächen habe, denkt sie lange nach, bevor sie die Antwort gibt: »Meine so selbstverständlich scheinende Stärke schüchtert manchmal andere ein.«

Auf die letzte Frage nach anderen Frauen als Vorbild antwortet sie ohne Zögern: »Gräfin Dönhoff.« Eine Frau, die sich sicherlich nicht als Feministin bezeichnen würde. Darauf Schwarzers erstaunlich undogmatische Antwort: »Es ist egal, wie sie zum Feminismus steht, sie hat Feminismus ein Stück gelebt, und darum wird sie immer einen Platz in meinem Herzen haben.« 1996 hat Alice Schwarzer ein Buch über die Publizistin und Herausgeberin der *Zeit* veröffentlicht: *Ein widerständiges Leben*. Die Auf-

zeichnungen, ein Konzentrat aus vielen Gesprächen, zeigen die Annäherung zweier Frauen, die unterschiedlicher nicht sein könnten: die Autorin, »Schmuddelkind« aus einem kleinen Wuppertaler Tabakladen, die Interviewte ein von Gouvernanten wohlbehütetes Kind aus einem gräflichen Schloss. Kommunikativ und gern im Mittelpunkt stehend die eine, hanseatisch zurückhaltend die andere. Mehr als dreißig Jahre liegen zwischen ihnen. Aber es gibt auch Gemeinsamkeiten: Beide sind alleinstehend, kinderlos und arbeitsbesessen. Beide geben eine Zeitung oder Zeitschrift heraus, die sie nach ihren Intentionen gestalten möchten, beide sind politisch, wenn auch nicht parteipolitisch, interessiert. Alice Schwarzer kämpft auf der ganzen Linie für Frauen, Gräfin Dönhoff möchte einen größeren Frauenanteil in der Politik. Im Gespräch nennt sie einige Politikerinnen, die sie beeindruckt haben: »Rita Süssmuth finde ich hervorragend, auch Jutta Limbach. Und dann würde ich gern mal nach Kiel fahren, um die Simonis kennenzulernen. Hildegard Hamm-Brücher kenne ich, die hat etwas Erfrischendes. Sie hat Mut …«
Den haben Dönhoff und Schwarzer auch, jede auf ihre Weise.

Die *Emma*-Redakteurin greift immer noch brisante Themen auf, auch wenn die große Zeit der Provokationen vorbei ist. 2008 ging es um Diätwahn und Sexsucht, und – wie könnte es anders sein – um Simone de Beauvoir. Frauengeschichte wird, vor allem für jüngere Leserinnen, aufbereitet mit Themen wie Frauenwahlrecht 1918, die 68erinnen oder Forschende Frauen. In jedem Heft wird der »Pascha des Monats« ermittelt und jährlich ein Journalistinnenpreis ausgeschrieben, an dem sich auch Männer beteiligen können – wer hätte das noch vor einem Jahrzehnt gedacht? Ja, *Emma* hat sich verändert, ist nicht mehr feministisches Bollwerk gegen den Rest der Welt.

Das historische Verdienst von *Emma* wird bleiben: Wie keine andere Frauenzeitschrift hat sie mit der Galionsfigur Schwarzer an der Spitze die neue Frauenbewegung in Deutschland geprägt und Feministinnen bundesweit vernetzt. Darüber hinaus hat sie das Bewusstsein vieler Frauen in den 70er- und 80er-Jahren des vergangenen Jahrhunderts verändert, versteckte Ängste und Wünsche öffentlich gemacht und so den Frauen das Gefühl gegeben, mit ihren Nöten und Problemen nicht allein zu sein. Aktionen, auch wenn sie polarisierten, regten zu kritischem Nachdenken und zu Diskussionen an.

Alice Schwarzer hat mit dem Schreiben von Biografien eine Nische entdeckt, in der sie nicht dem hektischen Zeitdruck unterliegt. 1996 kommt die Dönhoff-Biografie heraus, von der die mit Lob sparsam umgehende Gräfin über Alice Schwarzer sagt: »Niemand hat mich so treffend beschrieben wie sie.« Davor erschien *Eine tödliche Liebe – Petra Kelly und Gert Bastian*. Das Buch geht dem nie ganz geklärten Tod der Grünen-Politikerin Kelly und ihrem Lebensgefährten, dem Ex-General Bastian, nach. Die Autorin versucht, die These vom Doppelselbstmord zu entkräften und ist überzeugt, dass Bastian seine Partnerin ohne deren Einwilligung umgebracht hat. Mit der 2008 herausgekommenen Biografie Romy Schneiders: *Mythos und Leben* hat sich Alice Schwarzer abermals einer tragischen Figur gewidmet.

Zwischen den Biografien kehrt sie wieder zu ihrem ureigenen Thema zurück, zum Geschlechterkampf und der Unterdrückung der Frau. In Anspielung auf Der »kleine Unterschied« und seine großen Folgen nennt sie das Folgebuch aus dem Jahr 2000: *Der große Unterschied – Gegen die Spaltung von Menschen in Männer und Frauen.* »Mein Traum ist der vollständige Mensch, bei dem das biologische Geschlecht eines Tages keine Rolle mehr spielt.«

Nun betont die Postmoderne gerade eine Differenz der Geschlechter, eine Auseinandersetzung mit deren Thesen wäre interessant gewesen, aber Alice Schwarzer, die zur Avantgarde der Frauenbewegung gehört hat, ist nicht mehr bereit, sich Neuem zu öffnen, auf die Bedürfnisse der Jüngeren einzugehen, für die Kinder zur Lebensplanung gehören und die eine Beziehung zu Männern durchaus lustvoll finden können. Der Verriss des Buches in den großen Zeitungen ist fast einhellig: Eine Chance vertan, die Frauenbewegung selbstkritisch zu analysieren und auch das Positive herauszuarbeiten. Schade. Alice Schwarzer, die Galionsfigur am Bug, hat sich damit selbst auf das Heck des Frauenschiffes zurückgezogen.

Sie wird die Zeit nicht im Liegestuhl verdösen, sie wird weiter mit *Emma* aktiv bleiben und sich auf das besinnen, was ihr weniger Ärger einbringt als ihre Provokationen. Sie könnte zum Beispiel interessante Biografien schreiben und ab und zu einen Blick auf all ihre Medaillen und Auszeichnungen werfen und auf das Regal, in dem an die 50 Bücher stehen, selbst geschriebene und herausgegebene. Und sie könnte sich freuen über den riesigen Stapel von *Emma*-Heften aus mehr als 30 Jahren – alles ihr Werk.

Einsatz für deutsch-polnische Verständigung

GESINE SCHWAN
(*1943)

> »Wagnisse muss man eingehen.
> Denn hinter jedem Wagnis steht
> auch eine Chance.«
> GESINE SCHWAN

Ja, sie liebt das Wagnis, die Mittsechzigerin mit dem blonden Wuschelkopf und dem offenen Lachen. Eigentlich wäre sie jetzt im Pensionsalter, doch ein geruhsames Leben als Rentnerin kann sie sich nicht vorstellen; sie fühlt sich auf der Höhe ihrer Leistungskraft. Ging es Adenauer und Hildegard Hamm-Brücher in dem Alter nicht ähnlich? Mitten in der Arbeit steckend, den Kopf voller Pläne und den Terminkalender gefüllt ... Aber unter Druck setzen lässt sie sich davon nicht mehr. Sie sieht zu, dass ihr genügend Freiraum für das Privatleben mit der Familie bleibt, das früher oft zu kurz kam.

Auch wenn sie 2008, mit 65, ihr wichtigstes Arbeitsfeld als Präsidentin der Europa-Universität Viadrina in Frankfurt/Oder aufgeben musste, bleibt sie der Hochschule doch weiter verbunden. In den neun Jahren ihrer Präsidentschaft hat sie die deutsch-polnischen Beziehungen intensiviert, an denen ihr viel gelegen ist. Die Existenz dieser östlichsten Universität Deutschlands, die grenzübergreifend die Zusammenarbeit mit Polen fördert, findet nicht bei allen Deutschen Zustimmung – eine Herausforderung für Gesine Schwan. Mit Polen ist sie in vielfältiger Weise verbunden, nicht nur durch persönliche Freundschaften und Arbeitszusammenhänge. Seit 2005 ist sie Schirmherrin einer ehrenamtlich tätigen Gemeinschaft, die jungen Mädchen aus Polen und anderen östlichen Staaten einen Aufenthalt in Deutschland ermöglicht. Auch andere Aufgaben zur Pflege deutsch-polnischer Kontakte hat sie übernommen, und für die Bundesrepublik ist sie als Koordinatorin für die deutsch-polnische Zusammenarbeit tätig.

Die Wurzeln ihres Interesses an den polnischen Nachbarn liegen im Elternhaus. Die Mutter stammte aus Oberschlesien; der Verlust ihrer Heimat war immer wieder Gesprächsstoff im Familienkreis. Die Kinder erfuhren viel vom Alltag in der kleinen polnischen Provinzstadt Lubliniec und vom friedlichen Zusammenleben der Bevölkerung mit der deutschen Minderheit, zu der die mütterliche Familie gehörte. Das blieb so bis in die 30er-Jahre des letzten Jahrhunderts, bis zum Einfall der deutschen Truppen. Dass die Beziehungen zwischen Deutschen und Polen auch früher schon nicht überall so gut waren wie in Lubliniec, dass es häufig Spannungen gab und dass die Vorbehalte gegen Polen in West- und Ostdeutschland lange nach Kriegsende weiter bestanden, beschäftigte schon die Schülerin Gesine, die in Berlin das Französische Gymnasium besucht hat. Hier herrschte, ähnlich wie im liberalen Elternhaus, ein aufgeschlossener, Grenzen sprengender Geist, der die Jugendliche fürs Leben prägte. »Ich bin sicher, diese Schule hat mich auf Fremdes hin trainiert, hat mir eine grundsätzliche Neugier und Offenheit eingepflanzt, die ich anderswo vielleicht nicht so leicht erworben hätte«, erinnert sich Gesine Schwan dankbar.

Ein Schüleraustausch mit Frankreich, zu ihrem Bedauern nicht mit Polen, gehört zu den Selbstverständlichkeiten des Lehrplans. Kein Grund für die wissbegierige Schülerin, ihr Interesse an Polen zurückzustecken. Die sozial engagierten Eltern – der Vater, Hans R. Schneider, war Lehrer, die Mutter Fürsorgerin – hatten während des Krieges ein polnisches Mädchen in ihrem Haus versteckt, eine mutige Tat, die für sie selbstverständlich war. Sie leisteten keinen offenen Widerstand gegen die Nazis, halfen aber im Stillen, wo es ihnen möglich war. Nach dem Krieg haben sie sich sofort für internationale Verständigung und Versöhnung eingesetzt, auch für Wiedergutmachung. So wurden die Kinder früh schon politisch und moralisch motiviert, die Eltern lebten ihnen Hilfsbereitschaft vor und gaben ihnen Verantwortungsbewusstsein mit auf den Lebensweg.

Nach dem Abitur studiert die Hochbegabte mit dem Intelligenzquotienten von 174 an der Freien Universität Berlin Romanistik und Geschichte mit der Absicht, Studienrätin zu werden. Mit dem Erlernen des Polnischen tut sich die Sprachgewandte ungewohnt schwer. Studienaufenthalte in Warschau und Krakau erleichtern ihr den Zugang zur Sprache und Kultur des Gastlandes.

Mit dem Studienortwechsel nach Freiburg ist auch eine Umorientierung auf Fächer verbunden, die nun immer stärker in den Mittelpunkt ihrer Interessen rücken: Politik, Philosophie und vor allem Theologie. Als Kind haben die Eltern sie nicht taufen lassen, um sie nicht vorzuprägen. Die Tochter entscheidet sich mit 20 für die katholische Kirche und holt die Taufe nach: »Das Menschenbild der Katholiken erschien mir ›runder‹ und weniger auf Schuld und Sühne fixiert als das der Protestanten.« Ihr Berliner Doktorvater Wilhelm Weischedel rät ihr, mit ihren Polnischkenntnissen statt über Adorno doch über den polnischen Philosophen Leszek Kolakowski zu promovieren. Kolakowski hatte seine Professur an der Warschauer Universität verloren und musste emigrieren, weil er die gegen das Regime protestierenden Studenten unterstützt hatte.

Die Beschäftigung mit dem polnischen Dissidenten und seinem Umfeld wird für die Doktorandin zum Schlüsselerlebnis. Ihr imponiert der rebellische Freiheitswillen der Polen: »Ein Geist des Widerstands – manchmal bis zur Unerbittlichkeit – und ein starker Individualismus durchzogen die ganze Gesellschaft, von der Mode über das Verhalten im Straßenverkehr bis zu anarchistischen politischen Tendenzen«, schreibt sie.

Verglichen mit dem Widerstand der polnischen Dissidenten kommen ihr die Protestaktionen der 68er in Deutschland risikoarm und daher wenig heldenhaft vor. Auffallend viele von ihnen stammen aus bürgerlichen, von den ideologischen Prinzipien des Nationalsozialismus geprägten autoritären Elternhäusern. Und dieses autoritäre Verhalten, das sie ihren Vätern vorwerfen, führen sie nun Andersdenkenden gegenüber unerbittlich fort. Gesine Schwan wirft ihnen ideologisch fundierte einseitige Wahrnehmung vor. »Die Weigerung vieler Achtundsechziger, die Brutalität des kommunistischen Systems genauso engagiert anzuprangern wie die unbestreitbaren Missstände im Kapitalismus, hat mich damals wohl am meisten provoziert«, bemerkt sie rückblickend in ihrem Buch *Allein ist nicht genug*. Doch sie gewinnt dem Studentenaufstand auch eine positive Seite ab: »Die Kluft, die nach 1945 zwischen den demokratischen politischen Institutionen und dem noch überwiegend undemokratischen Bewusstsein und Verhalten in Gesellschaft und Politik klaffte, wurde durch den Aufstand gegen den traditionellen deutschen Autoritarismus in Familie und Schule, gegen den Mangel an Konfliktfähigkeit, gegen die grassierende Doppelmoral wenigstens teilweise zugunsten einer demokratischeren Kultur überwunden.« Die 68er allein für den allgemeinen »Werteverlust« im Nachkriegsdeutschland verantwortlich zu machen, hält sie für ungerecht, denn die beschworenen Werte seien im Nationalsozialismus bereits abhanden gekommen.

Nicht nur reden, auch handeln

Durch die Auseinandersetzung mit den Ideen und Taten der 68er wächst ihre Überzeugung, dass es mit Theorien und klugen Analysen der politischen Situation nicht getan ist, dass Veränderungen nur möglich sind, wenn man selbst in die Politik einsteigt und mitmischt. 1972 wird sie Mitglied der SPD, vor allem wegen der Ostpolitik Willy Brandts. Die Anerkennung der Oder-Neiße-Grenze ist für sie ein erster Schritt zur Aussöhnung mit Polen. Mit ihrem

Eintritt in eine Partei setzt sie das politische Engagement fort, das ihr die Mutter als Gründerin einer Frauen- und einer Friedenspartei vorgelebt hat. Politisch motiviert wird sie auch durch ihren Mann, den Politikwissenschaftler Alexander Schwan, den sie 1969 geheiratet hat. In seinen Vorlesungen an der Freien Universität Berlin hat sie miterlebt, wie in der turbulenten Zeit der Studentenrevolte im Hörsaal Eier und Tomaten flogen und ein Austausch von Argumenten nicht möglich war. Der Reformkurs der SPD scheint ihr wirkungsvoller zu sein als »wilde und vor allem potenziell totalitäre Umsturzfantasien« der revoltierenden Studenten.

Doch die brodelnde Atmosphäre an der Berliner FU ist für sie und ihren Mann kein Grund, sich an eine ruhigere Universität zurückzuziehen, wie das einige ihrer Kollegen getan haben. Sie liebt den Disput und geht als Assistenzprofessorin keiner Auseinandersetzung aus dem Weg, wenn sie denn mit Argumenten und nicht nur mit hohlen Phrasen geführt wird. 1975 wird die Sozialismus-Kennerin und -Kritikerin mit einer Arbeit über die Gesellschaftskritik von Karl Marx habilitiert, zwei Jahre später bekommt sie einen Lehrstuhl am Otto-Suhr-Institut der Freien Universität mit dem Schwerpunkt Politische Theorien von Sozialismus und Marxismus. Sie gehört zu den Gründerinnen des Seeheimer Kreises, der neomarxistischen Strömungen in der SPD entgegentritt und von der Parteilinken misstrauisch beobachtet wird.

Als Sachkundige in Sozialismusfragen wird sie in die SPD-Grundwertekommission berufen und beteiligt sich dort an der Ausarbeitung von Grundsatzpapieren. Zu Beginn der 80er-Jahre tritt sie, weil sie dem Osten misstraut, für den von Helmut Schmidt befürworteten NATO-Doppelbeschluss ein. Ihre Kritik an Willy Brandt wegen seiner »schwindenden Distanz zum Kommunismus« hat ihren Ausschluss aus der Grundwertekommission zur Folge – ein schwer zu akzeptierender Bescheid für die Nonkonformistin, die stets dafür plädiert, Kritik auch in den eigenen Reihen zuzulassen und schwelende Konflikte offen auszutragen: »Dieser Meinung waren aber offenbar nicht alle, oder wenigstens endete die Redefreiheit dort, wo manche den Anfang der Majestätsbeleidigung sahen – auf jeden Fall bei Kritik an der Ikone Willy Brandt.« Viel später, 1996, wird sie auf Antrag Wolfgang Thierses wieder in die Grundwertekommission aufgenommen.

Die politische Lage hat sich durch den Fall der Mauer verändert, die Stationierung von Mittelstreckenraketen ist kein akutes Thema mehr. Gorbatschow flößt dem Westen Vertrauen ein, während der Antiamerikanismus weiter besteht und sich unter Bush noch verschärft. Gesine Schwan hat als Dozentin und Gastprofessorin längere Zeit in den USA verbracht, das erste Mal 1980 gemeinsam mit ihrem Mann am Woodrow Wilson International Center in Washington. Dabei haben sie die amerikanischen Studenten als hoch motiviert, offen und – im Gegensatz zu vielen deutschen Kommilitonen – als vorurteilsfrei kennengelernt. Diese Haltung wünschte sie auch ihren Studenten, denen es schwerfällt, »die« Amerikaner nicht mit Bush und dessen Sturheit und aggressiver Kriegspolitik gleichzusetzen. Das – besonders in den östlichen Bundesländern – überwiegend negativ geprägte Amerikabild wird sich durch die Präsidentschaft Barack Obamas möglicherweise ändern. Er strahlt Vertrauen aus und dies ist für die Professorin und Politikerin Schwan eine unabdingbare Voraussetzung für das Zusammenleben von Menschen – in der Familie, im Staat und auch auf internationaler Ebene.

Vertrauen schaffen

Vertrauen ist ein Schlüsselwort für Gesine Schwan. Vertrauen haben ihr die Eltern mit auf den Lebensweg gegeben, Vertrauen gibt sie an ihre Kinder weiter, Vertrauen erwartet sie bei allen Partnern, mit denen sie zusammenarbeitet. Sie kennt aus Solidarność-Zeiten die Vorsicht ihrer polnischen Freunde, das Abwägen, ob jemand vertrauenswürdig ist. Auch in der DDR stellte sich oft die Frage, wem man vertrauen kann oder wer Stasi-Spitzel sein könnte.

Bei einer Diplomfeier im Berliner Otto-Suhr-Institut – dessen Dekanin sie drei Jahre lang war – hat sie ihren Festvortrag dem Thema *Vertrauen* gewidmet. Gleich zu Beginn konfrontiert sie die Zuhörenden mit dem Satz: »Was in Deutschland zur Zeit fehlt, damit es wieder aufwärts geht, ist die Ressource Vertrauen.« Sie zitiert dabei die Warnung des politischen Denkers Niccolò Machiavelli: »Will es aber das Schicksal, dass das Volk zu niemandem Vertrauen hat, wie es manchmal der Fall ist, wenn es schon früher einmal durch die Umstände oder durch die Menschen getäuscht worden ist, so stürzt es unaufhaltsam in sein Verderben.« Mit dem Philosophen Immanuel Kant ist sie der Meinung, dass ohne ein Grundvertrauen der Menschen in sich selbst, in ihre eigene Verlässlichkeit und in die der anderen, selbst der Gegner, weder Frieden noch Rechtsstaat möglich sind.

Gesine Schwan geht den Ursachen des Vertrauensverlustes unter Regierungen und Institutionen in unserer Zeit nach und kommt zu dem Schluss, dass er nicht einfach aus den Mängeln und Unzulänglichkeiten einzelner Personen herrührt, sondern »aus der globalen Entgrenzung von kulturellen, technischen und vor allem wirtschaftlichen Entwicklungen, auf die begrenzte nationalstaatliche Politik immer weniger Einfluss nehmen kann.« Ein unbefriedigender Zustand, sind wir doch angesichts der wachsenden Differenziertheit, Komplexität und Anonymität unserer Gesellschaft mehr denn je auf gegenseitige Verlässlichkeit angewiesen.

Doch, wie die Vortragende ausführt, Vertrauen fällt nicht vom Himmel, Personen und Institutionen müssen es sich verdienen. Es gewinnen Personen, denen man Wahrhaftigkeit, Mut, Kompetenz und Gerechtigkeit zuschreibt: »Gerechtigkeit verlangt die faire Berücksichtigung unterschiedlicher Interessen, die Bereitschaft und die Fähigkeit, sie begründet und kontrollierbar abzuwägen und sich dazu der demokratischen Öffentlichkeit, dem wichtigsten Medium einer lebendigen und stabilen Demokratie, auszusetzen.« Ihre manchmal etwas abstrakt anmutenden Sätze reichert sie mit anschaulichen Beispielen aus dem täglichen Leben an. Da könnten auch die frisch Diplomierten Fragen beisteuern, etwa: Wie sollen Menschen in den ausgedünnten Regionen Ostdeutschlands überhaupt

Zuversicht entwickeln? Oder: Wie können junge Familien Zutrauen in das soziale Netz von Staat und Kommunen haben, wenn mit jedem weiteren Kind die Lebensqualität sinkt und die Armutsfalle droht? Oder: Wie kann ein Arbeitnehmer seinem Chef vertrauen, wenn er von diesem unter Androhung der Entlassung schamlos ausgenutzt wird? Der Beispiele gäbe es noch viele. Deshalb lautet die eindringliche Ermunterung der Festrednerin am Ende ihres Vortrags: »Haben wir mehr Vertrauen zu uns selbst, zu unserer Fähigkeit, die Situation umfassender als bisher zu analysieren, unsere gemeinsamen und langfristigen Interessen zu erkennen, mit Kreativität an die wirklich chancenreichen Aufgaben zu gehen und wohlbegründet eine neue Zukunftszuversicht zu gewinnen.«

Innovative Ideen als Präsidentin der Viadrina

Die Europa-Universität Viadrina in Frankfurt/Oder ist nicht etwa eine an der Peripherie Deutschlands aus dem Boden gestampfte Neugründung, sie hat eine ehrwürdige Tradition. Nur das Wort *Europa* ist neu dazugekommen. Die Präsidentin Gesine Schwan residiert in dem über hundert Jahre alten Regierungsgebäude, das die unterschiedlichsten Epochen deutscher Geschichte überdauert hat. Heute prangt die Inschrift UNIVERSITAS VIADRINA über dem Eingangsportal.

Doch die Wurzeln der Viadrina reichen viel weiter zurück. 1506 gründete Kurfürst Joachim I. die *Alma Mater*

Viadrina, die bis zu ihrer Schließung im Jahre 1811 die erste Brandenburgische Landesuniversität blieb. Berühmte Geister haben hier studiert: Thomas Müntzer, Wilhelm und Alexander von Humboldt, Carl Philipp Emanuel Bach und Heinrich von Kleist. Gleich im ersten Jahr immatrikulierten sich über 900 Studenten aus den deutschen Gebieten und aus Polen, aber auch aus Schweden, Norwegen und Dänemark, sodass der Name Europa-Universität schon damals gerechtfertigt gewesen wäre. Mit der Gründung einer Universität in Berlin, der späteren Humboldt-Universität, zog es viele Professoren und Studenten von der Oder an die Spree und die Viadrina musste ihre Pforten schließen – bis zur Erweckung aus dem Dornröschenschlaf 180 Jahre später.

1992 wird die Wiedergründung gefeiert, 1999 tritt Gesine Schwan ihr Amt als Universitätspräsidentin an, nachdem sie zuvor bei der Bewerbung um diesen Posten bei der Freien Universität Berlin einem anderen Bewerber unterlegen ist. Sie geht voller Elan an die Arbeit und setzt die ihr sehr gemäßen Richtlinien dieser Reformuniversität um: die Entwicklung der Oderregion und der deutsch-polnischen Zusammenarbeit in Wissenschaft und Kultur sowie die Förderung von Impulsen für eine gesamteuropäische Integration. 2008, nach neun Jahren Präsidentschaft, kann sie eine imponierende Bilanz vorlegen: über 5.000 Studierende, davon gut 70 Prozent Deutsche, knapp 20 Prozent Polen, die restlichen verteilen sich auf 76 weitere Herkunftsländer. Auf dem Campus wird überwiegend deutsch und polnisch gesprochen, der Kontakt unter den Studenten ist ausgesprochen herzlich, das färbt auch auf die Umgebung ab. Die Menschen diesseits und jenseits der Oder pflegen wenig persönliche Kontakte. Die Deutschen nutzen die günstigen Einkaufsmöglichkeiten im Nachbarland, die Polen wollen nicht verstehen, warum sie nicht einfach in die vielen leer stehenden und reparaturbedürftigen Häuser auf der deutschen Seite einziehen können. Der »kleine Grenzverkehr« der kontaktfreudigen Studenten und (wenigen) Studentinnen hilft, Misstrauen und Vorurteile abzubauen. Die Präsidentin kann mit der grenzübergreifenden Entwicklung ihrer Universität zufrieden sein, wenn sie sich auch den Anteil von Studierenden aus Polen und anderen Ländern noch größer wünschte. Auch die finanzielle Ausstattung macht ihr Sorgen, doch das ist nicht nur ein Problem ihrer Universität. Dass Deutschland mehr in Bildung investieren muss, um im internationalen Vergleich nicht noch weiter ins Hintertreffen zu geraten, haben inzwischen alle Parteien und Länderparlamente erkannt.

Neue Wege der Finanzierung müssen gefunden werden. Bei ihren Aufenthalten in den USA, zuletzt 1998 als Visiting Professor an der New School for Social Research in New York, hat sie erlebt, wie private Geldgeber, zum Teil ehemalige Absolventen, die Hochschulen unterstützen und dafür auch entsprechend geehrt werden. Die Idee einer Stiftungsuniversität geht ihr schon lange durch den Kopf. 2008, noch vor ihrer Verabschiedung als Präsidentin, hat sie ihr Ziel erreicht: Die Viadrina wird offiziell in eine Stiftungsuniversität umgewandelt.

Ein umstrittenes Elite-Projekt

Im November 2003 geht eine überraschende Meldung durch die Presse: »Humboldt Universität und Viadrina gründen deutsche Governance School.« Was steckt dahinter? Der Präsident der Berliner Humboldt-Universität Jürgen Mlynek und die Viadrina-Präsidentin haben im quasi Alleingang den Plan ausgeheckt, eine mit beiden Universitäten kooperierende *Humboldt-Viadrina School of Governance* zu gründen. Diese soll einem wachsenden Bedarf an »exzellenten Führungskräften für Politik und Verwaltung« Rechnung tragen. Wer modernes Regieren und Verwalten lernen wolle, müsse nun nicht mehr nach Boston, London oder Paris ausweichen, erläutert Mlynek den ehrgeizigen Plan; Gesine Schwan ergänzt, der Sozialstaat müsse umgebaut, die Verwaltung professionalisiert, der gemeinnützige Sektor ausgebaut werden, nicht nur in Deutschland, sondern in ganz Europa. Für diese Managementaufgaben müssten Führungskräfte ausgebildet werden.

Die Schule, das steht fest, belastet die öffentliche Hand nicht. Sie wird privat finanziert durch Zuwendungen und Studiengebühren, die sich auf mindestens 17.000 Euro für die zweijährige Studiendauer belaufen. Eine stolze Summe, die sich nicht jeder leisten kann, auch wenn Bewerber mit glänzendem Studienabschluss und ersten Berufserfahrungen auf ein Stipendium hoffen können. Die Lehrenden rekrutieren sich aus den beiden Universitäten, doch will man auch »weltweit beste Experten« anwerben. Das tönt sehr anspruchsvoll und elitär und stößt, vor allem bei linken Parteigenossen, auf Kritik: Handelt es sich hier nicht um eine an rein wirtschaftlichen Interessen orientierte Kaderschmiede? Hatte die Viadrina-Präsidentin nicht selbst festgestellt, dass »an die Stelle der Ideologie-Uni inzwischen leider allzu oft die Anstalt der ökonomischen Verwertbarkeit getreten ist«? Lehnt sie nicht die Heraushebung sogenannter Eliteuniversitäten als »Leuchttürme der Wissenschaft« ab?

Gesine Schwans Definition von Elite lässt sich nicht mit Schlagworten definieren. Für sie gehört zu einem neuen Elite-Diskurs die Einsicht, dass Bildung und daraus resultierende Spitzenleistung weder ein Konsumgut noch eine ökonomische Kennziffer ist, sondern »eine eigenverantwortliche Anstrengung (die auch noch dazu Spaß machen kann!)«. Die Chancen für herausragende Leistungen erhöhen sich nach ihrer Erfahrung dort, wo einerseits soziale Benachteiligungen ausgeglichen werden und andererseits, vom Kindergarten bis zur Universität, das Prinzip der »fordernden Ermutigung in persönlicher Zuwendung« gilt. In Deutschland setze man dagegen nach wie vor zu sehr auf Druck, Demütigung und den Ehrgeiz des Einzelnen, im Wettbewerb die anderen zu übertrumpfen. – Gesine Schwans Fazit zur Elitediskussion: »Spitzenleistungen durch möglichst große Autonomie der Bildungsinstitutionen und Rückbindung an die Normen der Demokratie – das könnte die zeitgemäße Antwort auf die traditionelle Frage nach der Elitebildung sein.«

Herausforderungen annehmen

In ihrem beruflichen Leben hat Gesine Schwan nie gezögert, sich Herausforderungen zu stellen, sei es in der Zeit der Studentenrevolte an der FU Berlin, als Präsidentin der Viadrina oder als Mitgründerin der Governance School. Sie hat, vor allem in ihrer Partei, Anfeindungen erlebt, die an Mobbing grenzten, und ist trotzdem nicht ausgetreten. Andererseits war es die SPD, die sie 2004 gemeinsam mit dem Bündnis 90/Die Grünen als Kandidatin für das Bundespräsidentenamt nominiert hat. Wieder eine Herausforderung, die sie ohne Zögern annimmt. Sie unterlag damals dem Gegenkandidaten Horst Köhler nur knapp – vielleicht ein Grund, das Wagnis noch einmal einzugehen? Die SPD schickt sie im Mai 2009 erneut ins Rennen. Mit den Stimmen aller Parteimitglieder kann sie nicht rechnen, zu viele hat sie im Laufe der Zeit mit ihrer offenen Kritik verärgert. Bedenken, noch einmal gegen den amtierenden Präsidenten Köhler anzutreten, hat sie nicht. Sie hat starke Nerven und liebt die Herausforderung.

Für ihr politisches und menschliches Engagement ist sie mehrfach ausgezeichnet worden, unter anderem mit dem Marion-Dönhoff-Preis für ihren Beitrag zur Völkerverständigung und mit dem Sankt-Stanislaus-Orden für ihre Verdienste um Polen. Das Netzwerk Europäische Bewegung Deutschland wählte sie 2005 zur »Frau Europas – Deutschland« und würdigte damit ihr unermüdliches Engagement, mit dem sie seit über 30 Jahren die Partnerschaft zwischen Deutschland und Polen gestaltet: »Menschen zusammenführen und dann etwas bewegen – das ist ihr Anliegen.«

Höhen und Tiefen im privaten Leben

Den Herausforderungen im Beruf, in der Politik und im öffentlichen Leben hat sich Gesine Schwan bewusst und freiwillig gestellt. Die Herausforderungen im privaten Leben, die sich nicht mit ihrem Willen steuern ließen, forderten ihr mehr Kraft ab. Schon früh die schwere Krankheit der Mutter, die deren Persönlichkeit völlig veränderte. Die Tochter hat aus ihrer Jugendzeit eine fröhliche, energiegeladene, tiefgläubige Mutter in Erinnerung. Eine Mutter, die ihr im ländlichen Berlin-Heiligensee die Natur erschließt, ihrem Freiheitsdrang keine Grenzen setzt und ihr Hilfsbereitschaft vorlebt.

Doch die Ehe der Eltern ist nicht glücklich, die Tochter leidet unter den Spannungen und versucht, sich vermittelnd zwischen die beiden zu stellen. Das belastet und überfordert die Zwölfjährige. Mit 49 erkrankt die Mutter psychisch schwer. Die Manisch-Depressive weigert sich, Psychopharmaka zu schlucken und wird mehr und mehr zum Pflegefall. 25 Jahre lang muss sie ständig betreut werden und wird der Tochter in dieser Zeit immer fremder. Erst zum Lebensende, mit dem Schwinden der Widerstandskraft, gibt es wieder eine Annäherung, beim Vorlesen eines alten Tagebuches kann sich die Mutter in lichten Augenblicken in ihre eigene Vergangenheit zurückversetzen.

Das Zusammensein mit der Kranken erfordert Geduld und Kraft, die Gesine Schwan aus dem Glauben schöpft. Glauben ist für sie »eine Fähigkeit der Seele, die man nicht herbeizwingen und instrumentell einsetzen kann, ein Sprung vom Erkenntnistheoretischen ins Ungewisse«, schreibt sie in *Allein ist nicht genug* und fügt ergänzend an: »Ich vertraue darauf, dass es Gott gibt und dass seine Schöpfung einen Sinn hat, und ich möchte, dass es so ist – es geht nicht darum, ob ich das in einem empirischen Sinn für wahr halte.« Sie kann sich nicht dem Soziologen Norbert Elias anschließen, für den der Tod das endgültige Ende eines Menschen ist, von dem nur überlebe, was anderen Menschen von ihm in Erinnerung bleibt. Sie begreift den Tod nicht als »Versinken in einem dunklen Nichts«, sondern vertraut und hofft darauf, dass unsere Existenz nach dem Tod nicht ausgelöscht wird.

Mit dem Tod und dem Weiterleben danach hat sich Gesine Schwan intensiv während der langen qualvollen Krankheit ihres ersten Mannes, dem Politikwissenschaftler Alexander Schwan, beschäftigt. Nach der Heirat 1969 und nach einer kurzen Zeit ideenreicher Zusammenarbeit haben die Ärzte bei ihm Krebs festgestellt – ein Schockerlebnis. Mit der Operation schien die Sache ausgestanden, nur den Kinderwunsch konnte sich das Paar nicht mehr erfüllen. So entschlossen sie sich zur Adoption eines Jungen und eines Mädchens. Sie waren nun eine richtige Familie, glücklich, wenn auch die Mehrfachbelastung durch Beruf, Haushalt und Kindererziehung, die viele Mütter kennen, für Gesine Schwan, die sich daneben noch in der Politik und in ehrenamtlichen Gremien engagierte, eine echte Herausforderung war. Doch mit den Aufgaben, so schien es ihr, wachsen die Kräfte – bis 1986 eine erneute Hiobsbotschaft eintrifft: Der Krebs ist nicht besiegt, die Heilungschancen sind gering.

Diesen Befund zu akzeptieren, fällt schwer. Während

der Leidensweg sich über drei Jahre hinzieht, während auf Phasen winziger Hoffnung Phasen der Resignation folgen, hadert Gesine Schwan mit allen und allem. Mit ihrer eigenen Ungeduld und Mutlosigkeit, mit Gott, von dem sie sich in Augenblicken der Verzweiflung verlassen fühlt, und mit Ärzten im Krankenhaus, die nach dem Gesetz und oft genug nicht nach dem Gebot der Menschlichkeit handeln und Leben, koste es was es wolle, so lange wie möglich ausdehnen. Sie ist der Überzeugung, dass man in Fällen, in denen das Sterben absehbar und der Zustand eines Kranken nicht mehr auf einem erträglichen Niveau zu halten ist, keine lebensverlängernden Maßnahmen treffen sollte. Und dass Mitbestimmung vonseiten der Patienten unbedingt möglich sein muss.

Trotz der Vorbereitung auf den endgültigen Abschied fällt Gesine Schwan nach dem Tod des Lebensgefährten in eine schwere Depression. Die Kinder sind zwölf und vierzehn, sie brauchten nun die Zuwendung der Mutter mehr denn je. Doch woher soll sie die Kraft nehmen, aus dem körperlichen und seelischen Tief herauszukommen? Mithilfe der Psychoanalyse, gepaart mit ihrem Gottvertrauen und ihrem in der Kindheit eingepflanzten Grundoptimismus gelingt ihr dies: »Freuds unerbittliche Eindringlichkeit stieß die Tür dazu auf, sich auch mit den beunruhigenden, ja schockierenden Vorgängen im Menschen zu beschäftigen«, schreibt sie rückblickend. »Es war eine gute Ergänzung zu einem Glauben, der mich frei ließ zu wagen und zu entdecken.«

Nach außen »funktioniert« sie wie immer, niemand merkt der Dekanin am Otto-Suhr-Institut die innere Krise an. Sie geht ganz in der Arbeit auf, pendelt nach ihrer Ernennung zur Viadrina-Präsidentin zwischen Berlin und Frankfurt/Oder und hält Gastvorlesungen in aller Welt. In ihrem Berliner Heim in Nikolassee pflegt sie gute Nachbarschaft zu einem Ehepaar mit ähnlich gelagerten Interessen und Hobbys. Der Jurist Dr. Peter Eigen, Gründer eines Anti-Korruptions-Netzwerks, liebt wie sie den Segelsport, seine Frau Jutta ist Ärztin und Musikerin. Als sie an Krebs erkrankt, steht die Nachbarin dem Ehepaar hilfreich zur Seite. Nach dem Tod von Jutta Eigen entwickelt sich aus dem nachbarschaftlichen Kontakt zu Peter Eigen eine enge Freundschaft. 13 Jahre lang hat Gesine Schwan als Witwe ohne Partner gelebt, die Kinder sind aus dem Haus, Eigens Kinder wohnen in Amerika, nun genießt das 2004 getraute Paar die Gemeinsamkeit, die Ruhe, aber auch die Geselligkeit im Kreis von Freunden und der Patchworkfamilie. Sonntagabends trifft man sich zum Dinner bei einem guten Glas Rotwein am Familientisch oder auf der Terrasse und redet weit in die Nacht hinein über Gott und die Welt – erholsame, beglückende Stunden für das »junge« Ehepaar.

»Ich habe lernen dürfen, dass, auch wenn man meint, alles sei zu Ende, es immer wieder Zukunft gibt«, sagt Gesine Schwan. Sie kann, im Gegensatz zu Menschen, die mit sich und ihrem Schicksal ständig hadern, auf ein zwar nicht immer leichtes, aber sinnerfülltes Leben zurückblicken. Ihre Kinder und ihre Studenten möchte sie deshalb ermuntern: »Macht etwas aus dem Leben, verwaltet es treulich, gestaltet es sinnvoll!«

Tragischer Tod einer grünen Visionärin

PETRA KELLY
(1947–1992)

> »Meine Vision ist nicht nur eine Bewegung direkter Demokratie, der Selbst- und Mitbestimmung und Gewaltfreiheit, sondern eine Bewegung, in der Politik die Macht der Liebe meint und die Kraft, sich auf dem Raumschiff Erde vereint zu fühlen.«
>
> Petra Kelly

Bonn-Tannenbusch: ein ruhiger Stadtteil, Wohnsitz vieler Regierungsbeamter. Man grüßt die Nachbarn über den Gartenzaun, hält aber auf Abstand. My home is my castle – auch wenn es nur ein unscheinbares Reihenhaus ist. In einem dieser Häuser wohnen seit 1985 Petra Kelly und ihr Lebensgefährte Gert Bastian, prominent, aber unauffällig. Bis zu jenem 19. Oktober 1992, an dem die Leichen der beiden in ihrer Wohnung aufgefunden werden. Erschossen mit einer Pistole aus Bastians Besitz. Die Obduktionsbefunde lassen vermuten, dass die Bluttat schon in der Nacht zum 1. Oktober geschah. Nachbarn und Freunde sind erschüttert. Die unfassbare Tat löst in ganz Deutschland Entsetzen und Anteilnahme aus – und wirft Fragen auf, nicht nur bei den Grünen, den Friedensbewegten und den autonomen Frauengruppen, für die Petra Kelly eine charismatische Leitfigur war, sondern auch bei den Behörden, der Bundeswehr und im Parlament: Wie kann es geschehen, dass zwei Menschen fast drei Wochen lang tot in ihrem Haus liegen und niemand bemerkt etwas, niemand vermisst die Toten?

Der Polizeibericht geht davon aus, dass Bastian zuerst seine schlafende Gefährtin, dann sich selbst erschossen hat. Viele Freunde wollen nicht an diese Version glauben; Mutmaßungen und Spekulationen kommen auf: Könnte es ein Auftragsmord der Atomlobby gewesen sein? Oder steckt der chinesische Geheimdienst dahinter? Kellys Verbindung zum Dalai Lama und ihre Anprangerung der Menschenrechtsverletzungen in Tibet waren der chinesischen Regierung seit Langem ein Dorn im Auge.

Über einen Doppelselbstmord aus enttäuschten grünen Hoffnungen oder als Konsequenz einer persönlichen Beziehungskrise wird gerätselt. Kein Abschiedsbrief, der weiterhelfen könnte, doch Freunde erinnern sich an Kellys Worte: »Wenn Gert nicht mehr ist, will ich auch nicht mehr sein.« Aber Gert war ja noch da, und sie hatte Zukunftspläne: Reisen, Vorträge, Protestaktionen. Sie hatte eine Mission, die sie glaubte erfüllen zu müssen. Das alles deutet nicht auf einen freiwilligen Abschied aus dieser Welt hin, nicht auf einen geplanten Doppelselbstmord, sondern auf Mord. Mord an einer wehrlos Schlafenden durch ihren Lebensgefährten.

Dieser festen Überzeugung ist Alice Schwarzer, die sich in ihrem Buch *Eine tödliche Liebe* auf Spurensuche im Fall des rätselhaften Todes dieses bekanntesten Politpaares der deutschen Nachkriegsgeschichte begibt. Mit kriminalistischem Gespür fahndet sie nach Fakten, um ihre Mordthese zu belegen. Sie interviewt Freunde und Verwandte, versucht die Beziehung des ungleichen Paares aufzuschlüsseln, familiäre und berufliche Prägungen sichtbar zu machen. Dabei geht die Feministin und Pazifistin erstaunlich fair mit Ex-General Bastian um, sodass kein simples Täter-Opfer-Klischee entsteht. Deutlich wird die Abhängigkeit der beiden voneinander, die gegenseitige Einengung, aber auch die Geborgenheit, die Petra Kelly bei dem Mann sucht und findet, der ihr Vater hätte sein können.

Auf der Suche nach dem verlorenen Vater

Petra Karin Lehmann, im November 1947 im schwäbischen Günzburg geboren, ist sieben Jahre alt, als der Vater die Familie für immer verlässt. Ein schwerer Schock für das sensible Kind. Die Mutter geht arbeiten, hat wenig Zeit und überlässt die kleine Tochter der Obhut der Großmutter. Bei ihr fühlt sich Petra wohl und geborgen. Doch als ihre Mutter den in Deutschland stationierten amerikanischen Offizier John E. Kelly kennenlernt und mit ihm in die Staaten zieht, ändert sich das Leben der Tochter radikal. Sie heißt nun, nach ihrem Stiefvater, Kelly und muss sich als Zwölfjährige an die amerikanische Lebensart gewöhnen. Das gelingt erstaunlich rasch, die vernarbenden Wunden der Kindheitsverluste werden überdeckt von Schulerfolgen. Der Rektor der High School in Columbus/West Virginia prophezeit ihr eine glänzende Zukunft.

An der American University in Washington absolviert die politisch Interessierte ein vierjähriges Studium der Politischen Wissenschaften und Weltpolitik, das sie mit dem Bachelor of Arts abschließt. Sie engagiert sich im Studentenrat, organisiert politische Meetings und beteiligt sich an Demonstrationen gegen den Vietnamkrieg und gegen Rassendiskriminierung. Sie ist keine Mitläuferin, ihr Gerechtigkeitssinn und ihre Empörung gegen jegliche Art von Machtmissbrauch und Unterdrückung lassen sie bald zu einer zentralen Figur innerhalb der Studentenbewegung werden. 1968 arbeitet sie in den Büros der Senatoren Robert Kennedy und Hubert Humphrey mit und macht die Erfahrung, dass man als Bürger – gut organisiert und gut vernetzt – sehr wohl etwas erreichen kann.

Aus der Ferne verfolgt sie die Studentenunruhen in Deutschland und Frankreich. Als Halbamerikanerin, ausgestattet mit dem Selbstbewusstsein der rebellischen Campusjugend, drängt es sie zurück nach Europa. Noch immer fühlt sie sich auch als Deutsche, die Kindheit in Günzburg hat sie geprägt, der so früh aus ihrem Leben verschwundene Vater bleibt als Leerstelle im Gedächtnis.

Bürgerinitiativen stärken

Ein Stipendium ermöglicht der 23-Jährigen ein Master-Studium der Politischen Wissenschaften und Europäischen Integration an der Universität von Amsterdam, daneben arbeitet sie als Forschungsassistentin am Europa-Institut. Ein Praktikum bei der Europäischen Gemeinschaft ist der Einstieg in eine steile Karriere bei der Europäischen Kommission in Brüssel. Zehn Jahre, von 1972 bis 1982, verbringt sie in dieser ungeliebten Stadt, die sie als molochartiges Beamtenungetüm empfindet und der sie sooft wie möglich entflieht. Die Arbeit selbst entspricht ihr. Sie ist in verantwortlicher Stellung zuständig für Sozialfragen, Umweltschutz und Gesundheitswesen, und diese interne Vernetzung ist ein gutes Übungsfeld für all ihre außerberuflichen Aktivitäten.

In Deutschland mischt sie bei vielen Organisationen bald an führender Stelle mit: bei den Bürgerinitiativen Umweltschutz, der Deutschen Friedensgesellschaft, den Vereinigten Kriegsdienstgegnern und der Humanistischen Union. Ihr Wirkungsfeld reicht aber weit über Deutschland und Europa hinaus, sie unterstützt gewaltfreie Ökologie-, Frauen- und Friedensbewegungen auch in den USA, in Japan und selbst in Australien. Immer sind diese kräftezehrenden Aktionen ausgelöst durch persönliche Erlebnisse, die sie aufwühlen.

Der Krebstod ihrer zehnjährigen Halbschwester Grace nach drei Leidensjahren veranlasst sie, sich intensiv mit dem Tod, dem sinnlosen, von Menschen zu verantwortenden Tod auseinanderzusetzen. Sie prangert die »unmenschlichen Therapieversuche« bei krebskranken Kindern an und weitet ihre Anklage menschenverachtender Versuche auch auf die Atomindustrie aus. Sie vermutet, dass der Krebstod von Grace und anderer junger Opfer mit den Auswirkungen von Atomexperimenten zusammenhängen könnte. Da es dazu wenig auswertbares Material gibt, reist sie selbst in die Gegenden, die sie für besonders gefährdet hält. Sie sammelt Unterlagen und befragt Menschen an den entferntesten Orten dieser Welt:

bei den Aboriginies in Australien und in indianischen Reservaten, in denen Uran abgebaut wird, oder in der Südpazifik-Region, wo die Franzosen ihre Atomtests machen. Mit ihren vor Ort gesammelten Erfahrungen beteiligt sie sich als Expertin an internationalen Hearings und Blockadeaktionen vor Atomkraftwerken und Endlagern für Atommüll. Gorleben ist der bekannteste Treffpunkt der Atomgegner, Sitzblockaden gehören zum Ritual – ein stetes Kräftemessen zwischen Polizei und Protestierenden, ohne Aussicht auf eine befriedigende Lösung. Ressourcenknappheit zwingt auch Gegner der Kernkraft zu – vorläufigen – Kompromissen. Kohlekraftwerke sind wenig umweltfreundlich und die Förderung erneuerbarer Energien wird nach Ansicht Kellys in der Bundesrepublik sträflich vernachlässigt.

Impuls für die Anti-Atom-Bewegung

Petra Kelly gründet 1973 im Gedenken an ihre so früh und so qualvoll verstorbene Schwester die »Grace P. Kelly-Vereinigung zur Unterstützung der Krebsforschung für Kinder e. V.«, eine Bürgerinitiative, die auch ein psychosoziales Betreuungsmodell für Kinder im Krankenhaus fördert. *Um Hoffnung kämpfen* heißt ein Buch Petra Kellys, das sie Grace widmet. Der frühe Krebstod der Schwester geht ihr nicht aus dem Kopf und bringt sie, wie sie schreibt, »auf den Weg in die Anti-Atom-Bewegung«. Sie entwickelt Sozialutopien und macht sich Gedanken über eine »innere und äußere Befreiung« der Menschen: Die zukünftige Gesellschaft dürfte nicht mehr bestimmt werden von männlichen Sachzwängen, männlicher Logik und männlichem Machtstreben. Darin sieht sie sich einig mit den Feministinnen, nur verfolgt sie eine andere Strategie. Nicht durch Ausschluss der Männer, sondern durch Zusammenarbeit mit ihnen will sie deren Vormachtstellung aushebeln.

Dass Petra Kelly in der Öffentlichkeit immer wieder die Menschenrechtsverletzungen in Tibet anprangert, noch bevor diese Thema der großen Hilfsorganisationen werden, hat ebenfalls einen persönlichen Beweggrund. 1971 hat sie die Patenschaft für ein tibetisches Flüchtlingskind und dessen Familie übernommen. Sie lässt es nicht bei der üblichen Geldspende bewenden, sondern verschafft sich Hintergrundwissen über die von der chinesischen Großmacht unterdrückten Tibeter und über das Schicksal der Flüchtlinge. Es geht ihr um humanitäre Hilfe, aber auch um Anprangerung von Gewaltausübung gegen Wehrlose. Bei der Beschäftigung mit der tibetischen Kultur und Geschichte stößt sie auf das *Tibetische Totenbuch*, dessen uralte Weisheit sie fasziniert. Sie findet darin den Spruch, den sie zu ihrem Lebensmotto macht: »Lebe, als müsstest du heute sterben; stirb, als ob du unsterblich wärst.«

Sie liest die Schriften von Mahatma Gandhi und Martin Luther King und fühlt sich in ihrem Politikverständnis durch die beiden gewaltlos Widerständigen bestätigt. Bei den Bemühungen um eine bessere Welt, das hat sie aus der amerikanischen Bürgerrechtsbewegung gegen den Vietnamkrieg gelernt, ist ziviler Ungehorsam legitim, wenn er mit der Absage an jede Form von Gewalt und der Bereitschaft zu persönlichem Risiko verbunden ist. Dass die von ihrer Friedensbotschaft überzeugte Charismatikerin bereit ist, Sanktionen in Kauf zu nehmen, beweist sie durch ihre Fahrten in die DDR und ihre dortigen nicht ungefährlichen Aktionen im Rahmen der Bewegung *Schwerter zu Pflugscharen*. Sie ist mit der DDR-Bürgerrechtlerin Bärbel Bohley befreundet und unterstützt die im Untergrund arbeitende Friedens- und Anti-Atom-Bewegung. Doch die Stasi hat ihre Spitzel überall und könnte sie jederzeit wegen illegaler Wühlarbeit verhaften. Da nützt auch ein Bekenntnis zu Rosa Luxemburg nichts, dessen ist sich die Agitatorin aus Westdeutschland bewusst. Doch sie geht das Risiko immer wieder ein, schafft Literatur und technische Geräte über die Grenze und wird – zur Verblüffung besorgter Freunde – nicht festgenommen. Es gelingt ihr sogar, durch gezielte Telegramm- und Telefonkampagnen politischen Gefangenen zur Haftentlassung zu verhelfen.

Petra Kelly nicht nur als Vordenkerin, sondern auch als Vorausmarschierende bei Demonstrationen und als couragierte Verfechterin der Menschenrechte – das bringt ihr Medienbeachtung und Bewunderung weit über linksalternative Kreise hinaus ein. Sie wird zum Idol idealistischer Jugendlicher und frauen- und friedensbewegter Basisgruppen.

Eine grüne Hoffnungspartei

1979 tritt Petra Kelly aus der SPD aus. In einem offenen Brief an Helmut Schmidt kündigt sie eine neue Form der politischen Vertretung an, »wo nicht nur der Lebensschutz und der Frieden endlich Priorität erhalten werden, wo aber auch der Grundsatz von der Gleichberechtigung zwischen Männern und Frauen echt praktiziert wird«. Das ist der Anstoß zur Gründung einer eigenen Partei. Im Januar 1980 konstituieren sich Die Grünen als Anti-Parteien-Partei mit vier programmatischen Grundsäulen: Gewaltfreiheit, Ökologie, soziale Gerechtigkeit und Basisdemokratie. Themen, die die Handschrift Petra Kellys erkennen lassen. Die sowohl theoretisch wie praktisch erfahrene Managerin von Bürgerinitiativen wird denn auch kurz darauf in den aus drei gleichberechtigten Mitgliedern bestehenden Bundesvorstand gewählt. Die Massendemonstration gegen atomare Aufrüstung 1981 in Bonn mit 400.000 Protestierenden macht deutlich, dass auch die Anti-Atom-Bewegung zu den Grundfesten der Grünen gehört.

Die von Kelly mit professionellem Geschick koordinierten Bürgerinitiativen bringen ihr auch im Ausland Anerkennung ein. 1982 wird sie mit dem Alternativen Nobelpreis ausgezeichnet, im Jahr darauf küren amerikanische Frauenorganisationen sie zur Frau des Jahres. Ihr Auftritt in der US-Fernsehsendung *Meet the Press* gilt als ein Glanzpunkt ihrer Karriere.

In Deutschland ziehen die Grünen 1983 mit 5,6 Prozent der Stimmen in den Bundestag ein. Das ist weitgehend das Verdienst Petra Kellys. Mit ihrem geradezu missionarischen Einsatz für Frauen- und Menschenrechte, für Minderheiten und Gewaltopfer vermag sie Menschen zu motivieren und mobilisieren, auch wenn sie selbst, fragil und sensibel, an den Ungerechtigkeiten dieser Welt zu zerbrechen droht. Sie ist von Kindheit an nierenkrank und anfällig für Infektionen, doch sie überspielt diese Schwächen mit eiserner Energie. Die Selbstdisziplin, die sie sich abverlangt, fordert sie auch von anderen, doch einen 12- bis 14-Stundentag im Büro können und wollen nur die wenigsten ihrer Gefolgsleute ableisten, sie leben in Partnerschaft, oft mit Kindern, während Petra Kelly kein Privatleben kennt.

Nach ihrer Wahl über die bayerische Landesliste in den Bundestag wird sie, gemeinsam mit Otto Schily und Marieluise Beck-Oberdorf, Fraktionssprecherin der Grünen. Kein leichtes Amt. Die aus vielerlei Interessengruppen zusammengesetzte Basis lässt sich schwer unter einen Hut bringen, sie definiert sich ja als Anti-Parteien-Partei, ohne überbordende Bürokratie, ohne starre Verhaltensnormen.

Kelly, die »Spezialistin für universales Problembewusstsein«, vertritt die Partei im Ausschuss für Auswärtige Angelegenheiten und in den Unterausschüssen Abrüstung und Rüstungskontrolle. Als Erfahrene auf internationalem Parkett ist sie auch zuständig für Fragen der Europäischen Gemeinschaft und des Europarates. Gleich ihr erster Auftritt im Bundestag sorgt für Erheiterung und Empörung. Sie redet die Abgeordneten nicht wie üblich mit »Meine Damen und Herren« an, sondern mit »Liebe Freundinnen und Freunde!« Als Freunde wollen aber etliche Vertreter der CDU/CSU nicht angesprochen werden, auch das Eingangszitat von Rosa Luxemburg passt ihnen nicht und noch weniger der erste Satz der grünen Rednerin: »Ich spreche in diesem Hohen Haus der vielen Männer und wenigen Frauen, weil die Menschen aus der Friedens- und Ökologiebewegung, für die ich hier spreche, in dieser Tradition der Gewaltfreiheit stehen.«

18-mal wird ihre Antrittsrede von aufgebrachten Vertretern der CDU/CSU unterbrochen, sie lässt sich davon nicht beirren. Ihre Redechance im Bundestag nutzt sie auch später voll, um Themen auf die Tagesordnung zu bringen, die ihr auf den Nägeln brennen, von der Bedrohung indigener Völker bis zur Anerkennung der Alternativmedizin und der Gefahr durch Elektrosmog. Sie arbeitet weiter mit außerparlamentarischen Gruppen zusammen und beteiligt sich mit anderen Prominenten an den Sitzblockaden vor den Kernkraftwerken in Mutlangen und Bitburg. Ein besonderes Anliegen ist ihr der Kontakt zu internationalen Friedens- und Menschenrechtsorganisationen, deren Vernetzung sie unterstützt nach dem Slogan der Frauenbewegung: »Nur gemeinsam sind wir stark.« Ihre Aktionen finden in breiten Kreisen der Bevölkerung, nicht nur bei den Grünen, Zustimmung; an die hundert Briefe erhält sie jeden Tag – sie ist zur Symbolfigur des zivilen Widerstands geworden.

In der Partei und der Fraktion ist die Euphorie über diese Symbolfigur einer Ernüchterung gewichen. Die grüne Hoffnungsträgerin, das stellt sich schon bald heraus, tritt nach außen als selbstlose Visionärin auf, ohne diesem idealistischen Bild in der Realität zu entsprechen. Sie gilt als wenig teamfähig und nicht kompromisswillig. Als einzige ist sie nicht bereit, sich dem Rotationsprinzip, das sie selbst mit beschlossen hat, zu fügen und ihren Sessel nach zwei Jahren zu räumen. Das Prinzip habe sich nicht bewährt, argumentiert sie, und man habe bei der Einführung Ausnahmen zugelassen. Das mag stimmen, aber ihr »Kleben am Sessel« trägt nicht zu ihrer Beliebtheit bei, so wenig wie ihre Weigerung, einen Teil ihrer Abgeordnetendiäten an die Parteikasse abzuführen. Sie kontert messerscharf: »Das ganze Gerede, dass die Rotation die Gefahr von Machtkonzentration verhindern würde, ist verlogen, weil die eigentlichen Machtnischen im grünen Innenleben von keiner Rotation verhindert wurden.« Und sie geht auch gleich mit einem weiteren Prinzip der Grünen, den »freiwilligen Spenden« hart ins Gericht: »Es war für mich schier unerträglich, von drei grünen Männern aus der Diätenkommission eindringlich befragt zu werden, warum ich erstens meine damals 80-jährige Großmutter finanziell unterstütze und zweitens meine langjährige Patenschaft für eine tibetische Familie im nordindischen Exil weiter aufrechthalten wollte ...« Sie sollte das Geld besser einem Ökofonds zukommen lassen, legt man ihr nahe. Diese Abgabenpraxis empfindet sie als inhumane Misstrauenskultur. Durch ihr nicht solidarisches Verhalten und ihre scharfe Parteikritik verliert sie mehr und mehr an Rückhalt bei den Grünen und wird zur Einzelkämpferin – von der Partei allerdings weiterhin auf Wahlplakaten als Aushängeschild und Stimmenbringerin benutzt.

Wie hatte sie doch noch kurz zuvor euphorisch die Anti-Parteien-Partei definiert? »Für mich bedeutet eine Anti-Parteien-Partei eine Partei, die in der Lage ist, zwischen Moral und Macht zu entscheiden, die schöpferischen zivilen Ungehorsam jeder Art von Repression entgegensetzt, die kühne Phantasie mit effizienter Arbeit verbindet und die den Zusammenhang zwischen Frieden in der Welt und Frieden in jedem einzelnen begreift.« Die Partei sollte nicht Macht im alten Herrschaftssinn ausüben, sondern versuchen, sie zu transformieren, um Menschen ein selbstbestimmtes Leben zu ermöglichen. – Eine idealistische Vorstellung, denn sie erlebt in der Realität die harten Flügelkämpfe zwischen »Fundis« und »Realos«. Sie hat stets versucht, sich aus diesem Machtpoker herauszuhalten, andere Vorstellungen und Werte dagegen zu setzen, doch dann muss sie in einem Statement der Realos den auf sie gemünzten Satz lesen: »Visionen haben auf der Regierungsbank nichts verloren.«

Eine Vaterfigur als Lebensgefährte

Bei einer Podiumsdiskussion im November 1980 treffen sich Gert Bastian und Petra Kelly zum ersten Mal. Zwei eigenwillige Führungspersönlichkeiten mit gemeinsamem Ziel – Friedenssicherung durch Abrüstung – aber unterschiedlicher Lebensführung: Bastian geprägt von militärisch klar geregelten Hierarchien, Kelly aus den wechselnden, teils chaotischen Gruppierungen der amerikanischen Studentenbewegung kommend. Bastian stolzer Waffenbesitzer, Kelly jede Art von Waffen verabscheuend. Bastian 58, seit Jahrzehnten verheiratet, Kelly 33, Single.

Beide haben sie Schwierigkeiten in ihrem Umfeld. Bastian ist einer von sechs europäischen NATO-Generälen, die sich gegen die Stationierung von Mittelstreckenraketen in Europa ausgesprochen haben. Nach einem öffentlich ausgetragenen Streit mit Verteidigungsminister Hans Apel über den NATO-Doppelbeschluss muss er den Dienst quittieren. Kelly liegt ganz auf seiner Linie und die beiden finden sich nicht nur privat, sondern auch in ihren politischen Aktionen. Sie gehören zu den Erstunterzeichnern des umstrittenen *Krefelder Appells*, der die einseitige Abrüstung des Westens fordert. Der Ausschluss des abtrünnigen Ex-Generals aus der Bundeswehr, sein Seitenwechsel zur Friedensbewegung und die Liaison mit der grünen Pazifistin liefern der Presse über Wochen Schlagzeilen. Bastian, der wie Kelly für die Grünen in den Bundestag gewählt wird, verlässt später enttäuscht die Fraktion. Er fühlt sich benutzt als Aushängeschild, als Saalfüller und gleichzeitig als »Promi« denunziert. Diese Promijagd führe zu einer »Diktatur der Inkompetenz«, die sich keine Partei leisten könne, und er fragt sich: »Wie viele wertvolle Menschen, die grüne Inhalte transportieren und vermitteln konnten, sind auf ähnliche Weise wohl so abgeschreckt worden und uns verloren gegangen?«

Auch Petra Kelly kritisiert die Kleinkariertheit der Partei, die zu einer Machterwerbspartei geworden sei, statt sich der wirklichen Probleme mit Leidenschaft anzunehmen. 1985 besetzt sie mit einigen Menschenrechtsfreunden die Deutsche Botschaft in Pretoria, um gegen die Politik der Bundesregierung, die sich nicht genügend von der noch immer spürbaren Rassendiskriminierung und dem Apartheidsystem distanziere, zu protestieren. Wo immer Menschenrechte verletzt werden – die deutsche Politikerin und Mahnerin ist zur Stelle. 1987 reist sie zu einem sozialistischen Weltfrauenkongress nach Moskau, wo sie gemeinsam mit anderen friedens- und umweltbewegten Frauen von Michail Gorbatschow im Kreml empfangen wird. Ein Frauenkongress – aber Gert Bastian ist dabei. Die beiden, die seit 1985 in Bonn leben, sind trotz aller Verschiedenheit ein unzertrennliches Paar. Die gemeinsame Arbeit schweißt sie zusammen und auch die gegenseitige Abhängigkeit.

»Mein Seelengefährte« nennt Petra Kelly ihren Partner und fügt an: »Ohne seine solidarische, liebevolle Unterstützung hätte ich das Engagement der letzten Jahre nicht durchgehalten. Es ist eine sehr politische und persönlich tiefe Freundschaft. Ich fühle mich mit Gert in einer Symbiose.« Das macht ihr das Leben in der »Bonner Wahnwelt« leichter, belastet aber auch ihr Gewissen: »Gert ist seit vierzig Jahren verheiratet, und das begrenzt die Freundschaft natürlich in einem gewissen Maße, aber umgekehrt lernt man dabei Toleranz und wird zu mehr Liebe fähig, obwohl man auch darunter leidet.«

Die beiden sind ein eingespieltes Zweierteam, das sich immer mehr von der Partei zurückzieht und eigene Aktionen startet. Vor allem gegen die Unterdrückung Tibets, eines unbewaffneten, wehrlosen Volkes durch China, setzen sich die Verfechter der Menschenrechte ein. Gemeinsam geben sie ein viel beachtetes Buch heraus: *Tibet – ein vergewaltigtes Land. Berichte vom Dach der Welt.* Im Bundestag gelingt Petra Kelly – mit Zustimmung aller Fraktionen – eine Anhörung zum Thema Tibet. Sie prangert auch das Massaker der chinesischen Regierung auf dem Platz des Himmlischen Friedens in Peking im Juni 1989 an. »Ich begreife Politik und auch das Dasein von

Parteien als das Parteiergreifen für Schwächere, für die ohne Lobby, für die ohne Einwirkungsmöglichkeiten in Bonn«, erläutert sie ihr Engagement.

Sie bereitet sich auf all ihre Protestaktionen umfassend vor und ihr Partner unterstützt sie bei dieser oft heiklen Aufgabe, ob es international um Afghanistan, die Kurden in der Türkei oder um Nicaragua geht oder in Deutschland – nicht weniger riskant – um Rüstungsexporte, Materiallieferungen an den Irak zur Herstellung von Giftgas oder um die »Scheckbuchpolitik« der Bundesregierung gegenüber Israel. Sie beschäftigt sich auch mit Ökonomie und globaler Wirtschaftspolitik und setzt sich mit der Rolle der Weltbank und der Börsenmacht USA auseinander, lange bevor die globale Finanzkrise für Hiobsbotschaften sorgt. Mit ihrem Detailwissen nervt sie zunehmend weniger informierte Abgeordnete in den Ausschüssen. Ihr Charisma und ihre Visionen von einer besseren, menschlicheren Welt haben sich abgenutzt und stoßen auf Gleichgültigkeit.

1990 scheitern die Grünen im Bundestag an der 5-Prozent-Klausel und Petra Kelly verliert ihren Sitz im Parlament. Sie zieht eine bittere Bilanz: »Acht Jahre Selbstzerfleischung und fruchtlose, die politischen Aktionen lähmende Flügelkämpfe mit den jeweiligen Flügelmullahs und ein unerträgliches, von Neid und Misstrauen geprägtes Klima waren auch unseren grünsten WählerInnen zu viel ...« Trotz dieser Fundamentalkritik bewirbt sie sich im April 1991 auf der Bundesdelegiertenkonferenz der Grünen um das Amt der Vorstandssprecherin. Ihr Wahlspruch: »Realistisch sein, das Unmögliche anstreben.« Doch das Desaster ist vorauszusehen: Sie fällt mit Pauken und Trompeten durch. Enttäuscht und gebrochen verlässt sie, gestützt von ihrem Partner, den Saal. Sie ist persönliche Niederlagen nicht gewohnt, hat die Warnzeichen nicht wahrgenommen. Keine Partei duldet auf Dauer unsolidarisches Verhalten und Überheblichkeit. Ihre Isolation ist zu einem nicht geringen Teil selbstverschuldet.

Die Niederlage macht ihr nicht nur psychisch, sondern auch körperlich zu schaffen. Mit ihrer ohnehin labilen Gesundheit ist sie nun mehr und mehr auf die Hilfe ihres Partners angewiesen. Die früher so Willensstarke lässt sich von ihm umsorgen. Gert Bastian, der stramme Ex-General in der Rolle des fürsorglichen Vaters, Petra Kelly, die selbstbewusste Kämpferin, in der Rolle des hilfsbedürftigen Kindes – eine Rolle, die der vaterlos Aufgewachsenen und Unbehausten sichtlich behagt.

Visionen bleiben

Körperlich geschwächt und psychisch angeschlagen bleiben der grünen Charismatikerin doch ihre Kopfgeburten, ihre Visionen – und ihre mehr oder weniger realistischen Zukunftspläne. Von den Grünen ins Abseits gedrängt, obwohl man ihr immerhin das Sachgebiet Gentechnik angeboten hat, konzentriert sie sich auf die Ankurbelung von Protestaktionen im Ausland. »Meine Erfahrungen zeigen, dass man mehr erreichen kann mit öffentlichen Protesten und gewaltfreien Aktionen als mit braver Bittstellerei bei den Machthabern«, sagt sie in einem *Spiegel*-Interview und fügt bedauernd an: »Leider sehen das bei uns nicht alle so ...« Sie möchte die Friedensarbeit in Osteuropa stärker unterstützen. Noch zu DDR-Zeiten hat sie von einem zweiten Wohnsitz in Ostberlin geträumt, einer Art alternativer grüner Botschaft in Osteuropa, um von dort aus »den Spielraum für ökologische Politik« auszuloten.

Im Februar 1992 übernimmt sie die Moderation des TV-Umweltmagazins *Fünf vor Zwölf!* bei Sat.1. Sie hat nicht mehr den alten Elan, aber nichts deutet auf Lebensüberdruss hin, ihre Pläne reichen weit in die Zukunft hinein. Dann, acht Monate später, der gewaltsame Tod. Mord – davon ist nicht nur Alice Schwarzer überzeugt – weder durch einen Geheimdienst noch durch eine Atomlobby, sondern durch ihren Lebensgefährten. Was könnte Gert Bastian zu der Tat bewogen haben? Mutmaßungen im Freundeskreis, Mutmaßungen bei den Grünen, den Umweltschützern, den Friedensbewegten. Niemand kann nachvollziehen, was sich in der Todesnacht und davor abgespielt hat.

Um Petra Kelly, die Hoffnungsträgerin einer ganzen von Frieden und Menschlichkeit träumenden Generation, ist es still geworden. Nur wenigen jungen Menschen ist noch bewusst, was die Mitbegründerin der grünen Partei durch ihren unerschütterlichen Glauben an eine mögliche friedvolle Welt bewirkt hat. Mit ihrem Sendungsbewusstsein und ihrem Elan hat sie die Menschen aufgerüttelt und zu Bürgerinitiativen motiviert, die dieses Land nachhaltig beeinflusst haben. Und mit ihrer in die Zukunft gerichteten Vorstellungskraft hat sie Themen aufgegriffen, die heute brennend aktuell sind: Globalisierung, Ressourcenknappheit, Kriege im Namen einer Religion oder Weltanschauung.

In einem Park in Barcelona erinnert eine Frauenskulptur an Petra Kelly. Die Inschrift in katalanischer Sprache lautet: »Es gibt keinen Weg zum Frieden / Der Friede ist der einzige Weg« – Der Same, den die Visionärin gesät hat, geht überall auf. Bestattet wurde sie auf dem Würzburger Waldfriedhof. Die Heinrich-Böll-Stiftung verleiht zum Gedenken an ihre Friedensarbeit den Petra-Kelly-Preis und im Bonner Bundesviertel wurde 2006 ein Teilstück der Franz-Josef-Strauß-Allee (unbedacht oder mit Absicht?) in Petra-Kelly-Allee umbenannt. Bücher über ihr Leben und Wirken wurden geschrieben, Filme gedreht. Den unmittelbarsten Zugang zu ihrer Persönlichkeit gewähren aber ihre eigenen Texte. Ihre Dankrede zur Verleihung des Alternativen Nobelpreises, den sie 1982 als erste Frau erhielt, schließt sie mit einem Appell an die geladenen Gäste:

»In einer Welt, die sich mit Gewalt und Unehrlichkeit quält, wird die weitere Entwicklung der Gewaltfreiheit – nicht nur als Philosophie, sondern als Lebensstil, als eine Macht auf den Straßen, auf den Marktplätzen, vor den Raketenstellungen, in den Chemiefabriken und der Kriegsindustrie – zu den dringendsten Aufgaben.«

»Kohls Mädchen« macht Weltpolitik

ANGELA MERKEL
(*1954)

> »Ich denke schon, dass ich bestimmter und dominanter geworden bin. Manchmal fällt es mir schwer, irgendwo zu sitzen und zu schweigen, denn ich habe mich daran gewöhnt, das Wort zu ergreifen.«
> ANGELA MERKEL

Es war einmal ein kleines Mädchen, das hieß Angela. Es kam in einer großen, lauten Stadt zur Welt, aber schon bald zogen die Eltern weit weg in ein kleines Dorf, da war es viel ruhiger, nur der Hahn krähte morgens, Hühner gackerten und auf der Wiese meckerte die Ziege. Im Sommer summten die Bienen um die Sonnenblumen und im Winter kamen die Vögel ans Futterbrett. Das kleine Mädchen freute sich über alles, was sich bewegte, nur selber bewegte es sich nicht. Es hatte einfach keine Lust, laufen zu lernen. Sprechen konnte es schon ganz früh. An Sonntagen saß es im guten Kleidchen brav auf der vordersten Kirchenbank und hörte zu, wenn der Vater predigte, er war nämlich Pfarrer. Was für ein artiges Kind, sagten die Leute, aber es sieht so blass und müde aus, es sollte mehr mit den anderen Kindern draußen spielen und herumtollen. Aber dazu hatte das kleine Mädchen keine Lust. Lieber sah es sich all die schönen Bilderbücher an, die in Mutters Schrank standen. Die Mutter war früher Lehrerin gewesen und freute sich, dass Angela schon so früh lesen lernen wollte.

Als Angela in die Schule kam, wusste sie viel mehr als die anderen Kinder, aber sie prahlte nicht damit und drängte sich nie vor. Es machte ihr Spaß, anderen zu helfen, wenn sie etwas nicht verstanden. Dass sie im Turnen und auch im Zeichnen und Handarbeiten nicht zu den Besten gehörte, betrübte sie, denn sie wollte einmal Lehrerin werden wie die Mutter und da musste man überall gut sein. Am liebsten lag sie irgendwo im Gras und träumte davon, wie sie vor einer Klasse steht und alle Schüler von ihr etwas lernen wollen.

Beinahe der Anfang eines Märchens vom Sterntalerkind, dem die goldenen Sterne in den Schoß fallen. – Angela Merkel ein Sterntalerkind? Sie steht heute nicht vor einer Schulklasse, sondern auf einer Weltbühne, umgeben von Mikrofonen und Fernsehkameras. Der Aufstieg von der »grauen Maus aus dem Osten« zur »mächtigsten Frau der Welt« ist fulminant. Seit 2006 führt sie die Liste der weltweit mächtigsten 100 Frauen an, die das US-Wirtschaftsmagazin Forbes jährlich erstellt. Mit Putin und Barack Obama auf Augenhöhe – das hätte sich die Physikerin aus der Uckermark in ihren kühnsten Träumen nicht vorstellen können.

Pfarrerstochter in der Uckermark

Eigentlich ist die »Ossifrau« Merkel gar keine lupenreine Ostdeutsche. Sie kam am 17. Juli 1954 in Hamburg-Barmbek zur Welt. Die Mutter ist Hamburgerin, sie hat ihren späteren Ehemann Horst Kasner während seines Theologiestudiums in Hamburg kennengelernt. Kurz nach Angelas Geburt nimmt der aus Ostberlin stammende, nun fertig ausgebildete evangelische Theologe eine Pfarrstelle in einem brandenburgischen Dorf bei Perleberg an und holt Frau und Tochter einige Zeit später in die ländliche Idylle nach. Für Angelas Mutter, eine Latein- und Englischlehrerin, kein leichter Umzug. Sie kann als Pfarrfrau nicht in den DDR-Schuldienst übernommen werden und Latein ist ohnehin als Unterrichtsfach nicht gefragt. Sie weiß auch, wie schlecht bezahlt und wenig angesehen Pfarrer in der DDR sind. Sie werden misstrauisch beobachtet oder belächelt als Überbleibsel des absterbenden kapitalistischen Systems und ihre Familien erfahren mancherlei Benachteiligungen, Pfarrerskinder werden auch mit guten Zeugnissen nicht zum Studium zugelassen.

Aber bei den Kasners ist alles anders, das merkt Angelas Mutter spätestens bei der Ernennung ihres Mannes zum Leiter des Pastoralkollegs in der Kreisstadt Templin. Horst Kasner ist kein gewöhnlicher Pfarrer, er geht nicht wie die meisten seiner Kollegen auf Distanz zum SED-Staat, sondern sucht die Annäherung – sei's aus Opportunismus, sei's in der Überzeugung, dass sich Christentum und Sozialismus verbinden lassen. Die Staatsnähe des »roten Kasner«, die Privilegien, die er und seine Familie genießen, wecken Misstrauen, vielleicht auch Neid in oppositionellen Kirchenkreisen. Wie kommt es, dass die Kasners ins westliche Ausland, selbst in die USA reisen dürfen? Dass sie zwei Autos, einen Dienstwagen und einen Privatwagen, fahren? Dass sie uneingeschränkt Besuch aus Westdeutschland empfangen können? Dass ihre Büchersendungen und Westpakete nicht kontrolliert oder konfisziert werden? Später die Frage: Warum darf Tochter Angela die Erweiterte Oberschule, die zum Abitur führt, besuchen, während andere Pfarrerskinder sich »in der Produktion bewähren« müssen?

Angela macht sich darüber keine Gedanken. Sie protzt nicht mit den von der Hamburger Großmutter geschickten »Westklamotten«, um die sie die Mitschülerinnen beneiden. Kleider sind ihr gleichgültig. Nie würde sie sich wie im Märchen von Schneewittchen vor den Spiegel stellen und fragen: »Spieglein, Spieglein an der Wand, wer ist die Schönste im ganzen Land?« Sie ist nicht die Schönste, aber die Beste. Klassenbeste über die ganze Schulzeit bis zum Einserabitur. Glänzt sowohl in Sprachen wie in den Naturwissenschaften, besonders in Russisch und Mathematik.

Dass einige Lehrer sie nicht mögen, weil sie aus einem Pfarrhaus kommt, kränkt sie, sie möchte sein und behandelt werden wie alle anderen. Sie macht deshalb, ohne dass jemand sie dazu gezwungen hätte, bei den staatlichen Jugendorganisationen mit, zuerst bei den Jungen Pionieren, später bei der FDJ. Allerdings nimmt sie, im Gegensatz zu ihrem jüngeren Bruder, nicht an der von der SED organisierten Jugendweihe teil, sondern lässt sich konfirmieren.

Sie schafft den Spagat zwischen den Ansprüchen der Kirche und denen des Staates und der Partei recht gut, obwohl – oder gerade weil – sie weder besonders religiös noch besonders DDR-gläubig ist. Da sie eine schnelle Auffassungsgabe gepaart mit einem exzellenten Gedächtnis hat, braucht sie sich für die Schule nie besonders anzustrengen. Sie liest viel, vor allem die in der DDR verbotenen Autoren wie Bahro, Sacharow oder Solschenizyn, die allesamt in der Bibliothek des Vaters stehen. Ihr Lieblingsschriftsteller ist der regimekritische Lyriker Reiner Kunze. Das DDR-Fernsehen verschmäht sie, ebenso die linientreuen Parteizeitungen.

Studium in Leipzig und Ostberlin

Dass Angela Kasner nach dem Abitur ohne Schwierigkeiten einen Studienplatz an der Karl-Marx-Universität in Leipzig bekommt, empfindet sie als Privileg. Sie wählt, ganz pragmatisch, ein Studienfach, bei dem sie nicht wie bei geisteswissenschaftlichen Fächern in ideologische Konflikte geraten kann. Physikerin zu werden ist zwar nicht ihr Traumziel, aber das Studium, vor allem der theoretischen Physik, macht ihr trotzdem Spaß. Sie lebt, wie alle Studierenden in der DDR, von einem staatlichen Stipendium und verdient sich nebenher in einem Studentenklub etwas dazu. In der evangelischen Studentengemeinde findet sie rasch Anschluss, und schon bald lernt sie ihren späteren Mann, Ulrich Merkel, kennen, der ebenfalls Physik studiert. Die beiden ziehen zusammen und werden 1977 in Templin kirchlich getraut. Studentenehen sind in der DDR durchaus üblich, kirchliche Heiraten dagegen nicht opportun.

Zur Mutter, einer fröhlichen, aufgeschlossenen Frau, hat Angela nach wie vor ein herzliches Verhältnis. Auch mit den beiden jüngeren Geschwistern Marcus und dem Nesthäkchen Irene versteht sie sich gut. Nur zum Vater besteht keine vertrauensvolle Beziehung. Vor dem Mauerbau ist er noch um eine Annäherung der evangelischen Kirchen in Ost und West bemüht, schon um sich einen Rückweg nach Hamburg offenzuhalten. Ab 1961, nachdem die Mauer die Trennung der beiden Staaten und Kirchen zementiert hat, lässt er sich mehr und mehr von der unter SED-Einfluss stehenden Kirche der DDR vereinnahmen. In seiner Schlüsselposition als Leiter des Pastoralkollegs in Templin und als führendes Mitglied des von der Stasi durchsetzten »Weißenseer Arbeitskreises« wirkt er stark auf eine endgültige Spaltung der evangelischen Kirche in Deutschland hin – ein Grund, weshalb Angela Merkel möglichst wenig über ihren Vater spricht. Zu ihrem Freundeskreis gehören überwiegend systemkritische Intellektuelle.

Mit ihrer als »sehr gut« bewerteten Diplomarbeit bewirbt sie sich an der Technischen Universität Ilmenau, scheitert aber an einem misstrauischen Kaderleiter. Auf einen Anwerbeversuch der Stasi geht sie nicht ein. Sie versucht ihr Glück in Berlin und findet eine Stelle als wissenschaftliche Mitarbeiterin am Zentralinstitut für Physikalische Chemie, das zur Akademie der Wissenschaften gehört. Als einzige Frau arbeitet sie hier in einem Team von acht Grundlagenforschern. In der Freizeit nimmt sie die reichen Kulturangebote der Hauptstadt wahr, genießt Opernaufführungen und Ausstellungen, kann sich aber nicht mit Avantgardekunst anfreunden. Mit ihrem weniger unternehmungsfreudigen Mann hat sich die 28-Jährige in dieser Zeit auseinandergelebt, die Ehe wird 1982 geschieden und sie richtet sich, wie viele junge Leute, illegal in einer leer stehenden Wohnung ein.

Während ihrer Zeit an der Akademie gehört sie zum Leitungskader der FDJ und organisiert als Sekretärin für Agitation und Propaganda politische Schulungen für FDJ-Mitglieder – ein heikler Punkt im Lebenslauf der späteren gesamtdeutschen Ministerin. Sie gebraucht heute für diese Zeit die neutralere Berufsbezeichnung »Kulturfunktionärin«. Dass sie keine überzeugte und linientreue Funktionärin war, bezeugen die Eintragungen in ihrer Stasiakte, die unter anderem ihre kritische Haltung dem Staat gegenüber und ihre Zustimmung zur Solidarność in Polen vermerken. Sie selbst sagt dazu: »Ich war keine Heldin, ich habe mich angepasst.« Sie habe damals den Ausreiseantrag immer im Hinterkopf gehabt und nie eine DDR-Identität entwickelt. Politisch sei sie weder in der SED noch in einer der Blockparteien aktiv gewesen – allerdings auch nicht in der sich langsam zusammenfindenden DDR-Opposition.

Sie sitzt zu dieser Zeit an ihrer Dissertation. Außerdem hat sie 1984 den Chemiker Joachim Sauer kennengelernt, der auch an der Akademie tätig ist und zu den Kritikern des »real existierenden Sozialismus« gehört. Er ist noch verheiratet und hat zwei Söhne – kein Problem für die kinderlose Gefährtin, die 1986 zum Dr. rer. nat. promoviert. Die erst spät geschlossene Ehe mit Professor Sauer hält bis heute, auch wenn Angela Merkel ihren Familiennamen aus erster Ehe mit Ulrich Merkel behalten hat.

Politische Karriere

Bis zum Fall der Mauer am 9. November 1989 hat sich Angela Merkel politisch nicht engagiert, obwohl sie aus einer Familie stammt, in der politische Diskussionen, auch kontroverse, zum Alltag gehören. Den Zusammenbruch der DDR und die Zeit der Neuorientierung erleben Eltern und Geschwister ganz unterschiedlich. Der Vater wird beim Neuen Forum aktiv, die Mutter bei der SPD und der Bruder macht beim Bündnis 90 mit. Nur Angela ist nirgends verortet. Den zum Teil von der Stasi unterwanderten Friedens- und Umweltgruppen mochte sie sich zu DDR-Zeiten nicht anschließen, der SED und den Blockparteien noch weniger. Nun ist sie auf der Suche nach einer Partei oder einer politischen Gruppierung, der sie vertrauen kann.

Noch im Dezember 1989 wird sie Mitglied beim neu gegründeten Demokratischen Aufbruch, der eher westlich orientiert ist in Richtung Wiedervereinigung und freier Marktwirtschaft und nicht mehr von einer sozialistischen Gesellschaftsordnung träumt. In der chaotischen Ostberliner Geschäftsstelle räumt sie erst einmal auf, installiert herumstehende Computer und wird mit ihren EDV-Kenntnissen zur unentbehrlichen Mitarbeiterin. Rasch steigt sie zur Pressesprecherin auf und überarbeitet in dieser Funktion die Reden ihres Chefs Wolfgang Schnur. Ihr Pech: Schnur wird als Stasimitarbeiter enttarnt. Ihr fällt die unangenehme Aufgabe zu, an einer Pressekonferenz den sensationsgierigen Journalisten Rede und Antwort stehen zu müssen.

Ihr Glück: Lothar de Maizière, der CDU-Spitzenkandidat für die erste freie Volkskammerwahl der DDR, wird auf sie aufmerksam. Nach seinem Wahlsieg im April 1990 holt er sie als stellvertretende Regierungssprecherin in die erste und gleichzeitig letzte frei gewählte Regierung der DDR. Durch die Fusion des bedeutungslos gewordenen Demokratischen Aufbruchs mit der Ost-CDU kommt Merkel schließlich doch dahin, wohin sie nie kommen wollte: in die CDU. Ihre Freunde sind konsterniert, sie hätten die Umweltbewusste viel lieber bei den Grünen gesehen.

Zu ihren Aufgaben als stellvertretende Pressesprecherin gehört nun die Begleitung vorbereitender Gespräche zur Wiedervereinigung und zur Schaffung einer Währungs-, Wirtschafts- und Sozialunion. Im August 1990 wird in Bonn der Einigungsvertrag unterschrieben, für die Bundesrepublik von Innenminister Schäuble, für die DDR vom parlamentarischen Staatssekretär Günther Krause. Dem imponiert Merkels geschickte und unauffällige Koordinationsarbeit. Als CDU-Landesvorsitzender in Mecklenburg-Vorpommern gibt er ihr die Chance, im Wahlkreis Rügen/Stralsund für den Bundestag zu kandidieren. Sie erhält die nötigen Stimmen und zieht im Dezember 1990 mit einem Direktmandat in den Bundestag ein.

Da mit der Wiedervereinigung am 3. Oktober 1990 ihre Tätigkeit für die DDR zu Ende gegangen ist, erhält sie eine Stelle als Ministerialrätin im Bundespresseamt. Auf dem »Einigungsparteitag« der CDU in Hamburg stellt sie sich als ehemalige Pressesprecherin des Demokratischen Aufbruchs vor und macht das offenbar in ihrer zurückhaltend selbstbewussten Art so geschickt, dass Bundeskanzler Kohl sie zu einem Gespräch bittet. Bei einem zweiten Gespräch, zu dem er sie nach Bonn ins Kanzleramt einlädt, schlägt er ihr vor, sie als Bundesministerin für Frauen und Jugend zu nominieren. Sie ist völlig verblüfft, gibt aber ohne Zögern ihre Einwilligung. Seither gilt sie als »Kohls Mädchen«. Aber das Mädchen mit dem Do-it-yourself-Haarschnitt ist nicht so harmlos wie es aussieht und schon gar nicht ein willfähriges Geschöpf des Ziehvaters Kohl, das wird sich noch herausstellen.

Im Januar 1991 wird Angela Merkel als Ministerin vereidigt und noch im selben Jahr auf dem CDU-Bundesparteitag in Dresden als de Maizières Nachfolgerin zur stellvertretenden Bundesvorsitzenden gewählt. Sie hat, im Gegensatz zu anderen Politikern aus der ehemaligen DDR, eine unbelastete Biografie: keine Stasitätigkeit und keine SED-Mitgliedschaft, das ist ihre Chance. Allerdings hat sie keine Hausmacht hinter sich wie Westpolitiker, deshalb strebt sie einen CDU-Landesvorsitz an. Nach dem Rücktritt Günther Krauses wegen umstrittener Lizenzvergaben wird sie Landesvorsitzende von Mecklenburg-Vorpommern.

Sie hat, flexibel und agil, das Glück, stets zur richtigen Zeit am richtigen Ort zu sein. Doch es ist nicht das Glück des Sterntalerkindes, dem das Gold ohne eigenes Zutun in den Schoß fällt. Sie ist eine harte, zielstrebige Arbeiterin mit einem Job, für den sie nie ausgebildet wurde. Aber die erst 38-Jährige ist lernfähig und wird immer trittsicherer auf dem glatten Bonner Parkett. Sie möchte trotzdem authentisch bleiben und nicht einfach übernehmen, was eingefahrene Etikette vorschreibt, weder beim ihr gleichgültigen »Outfit« noch beim ihr noch nicht geläufigen »Small Talk«. Und auch das hat sie gelernt: Ungeschützt und gerade heraus ihre Meinung zu äußern, ist nicht ratsam, nicht wegen der Stasi, sondern wegen der ständigen Medienpräsenz. Wie lange noch wird sie ihr naturbelassenes, doch etwas tristes Aussehen als Markenzeichen behalten können?

Die süffisanten Pressekommentare über ihren hausbackenen Haarschnitt und ihre langweiligen Hosenanzüge nimmt sie gelassen, auch die Empfehlung des Modezars Karl Lagerfeld, sich besser sitzende Hosen schneidern zu lassen. Die Berliner Schriftstellerin Monika Maron glaubt, dass ihre Scheu »Hand anzulegen ans eigene Gesicht mittels verändernder Frisuren, glitzernder Ohrgehänge oder modischer Schminke« mit dem Leben im Osten zu tun haben kann. Sie schreibt in der *FAZ* vom 25. Februar 2000: »Wer über Jahrzehnte seine halbe Lebenskraft gebraucht hat, sich als Person zu behaupten und sein Gesicht zu wahren, empfindet vielleicht weniger Lust an der Verkleidung als an seinem Sosein und beharrt auf seiner schmucklosen Haartracht und seinem angeborenen Gesicht wie auf seinem Charakter.« Doch ganz kann sich die »Neue aus dem Osten« dem »Aufmöbelzwang« nicht entziehen.

Sie lernt im Laufe der Zeit, sich die Haare etwas üppiger zu toupieren und kesser schneiden zu lassen und auch dezentes Make-up zu verwenden.

Viel später wird sie die Öffentlichkeit mit einem frappierend tiefen Dekolleté verblüffen oder schockieren, das sie bei der Einweihung der neuen Oper in Oslo zur Schau trägt. Will sie damit endlich von ihrem Aschenputtel-Image loskommen? Will sie zeigen, dass sie auch eine Frau ist? Dass sie endlich mithalten kann auf dem mondänen Parkett?

Die Umwelt und die CDU retten

Nach der Bundestagswahl im Oktober 1994 übernimmt Angela Merkel überraschend das Bundesministerium für Umwelt, Naturschutz und Reaktorsicherheit als Nachfolgerin von Klaus Töpfer, der dem Wirtschaftsflügel der CDU nicht genehm war und deshalb auf das weniger brisante Ministerium für Raumordnung und Städtebau abgeschoben wurde. Umwelt liegt der Naturwissenschaftlerin mehr als das Frauenministerium, das sie mit ihrer DDR-Sozialisation eigentlich für überflüssig hält. Als Physikerin hat sie nie Schwierigkeiten gehabt, sich in einem Männergremium zu behaupten.

In ihrem neuen Amt spielt sie zum ersten Mal ihre Macht aus, als sie Töpfers erfahrenen Staatssekretär in den einstweiligen Ruhestand versetzt mit dem Kommentar: »Ich habe Anspruch, in meinem Ministerium die Richtlinien vorzugeben.« Standfestigkeit und Entschlossenheit braucht sie in der Zeit der ersten Castortransporte nach Gorleben, deren Durchführung sie trotz heftigen Widerstands erzwingt. Erst als Überschreitungen der Grenzwerte bei den Behältern publik werden, lässt sie die Transporte stoppen.

Die neue Umweltministerin muss sich in viele Spezialbereiche einarbeiten. Bei einem von ihr geleiteten Gipfeltreffen der Vereinten Nationen zum Klimaschutz setzt sie ein Protokoll zur Reduzierung der Treibhausgase durch. Sie verabschiedet ein Ozongesetz und eine Vereinbarung über die Minderung des Kohlendioxidausstoßes. Bei all diesen komplizierten Sachfragen kommt ihr ihre naturwissenschaftliche Ausbildung zugute. Ihr Ja zu einer Ökosteuer nimmt sie später, als die SPD diese Steuer ebenfalls fordert, zurück und stellt damit politisches Kalkül über ihre eigene Meinung. Dieser zunehmende Zwang zum Taktieren beunruhigt sie, gibt ihr aber auch Selbstbestätigung: Sie kann mithalten bei Politspielchen.

Bei der Bundestagswahl 1998 erlebt die Union eine schlimme Niederlage; zum ersten Mal wird eine amtierende Bundesregierung abgewählt. Helmut Kohl tritt zurück und wird Ehrenvorsitzender, Wolfgang Schäuble, der »ewige Kronprinz«, Parteivorsitzender. Er schlägt, mit ausdrücklicher Billigung Kohls, Angela Merkel als Generalsekretärin vor. Seine Worte müssen ihr gut in den Ohren klingen: »Sie ist eine hochintelligente Frau, der Politik auch Spaß macht. Sie hat politischen Verstand, die notwendige Härte, den Ehrgeiz und die Umsicht. Und sie steckt nicht in den ausgelatschten Bonner Verhaltensweisen und Kommunikationsformen.« Gestärkt von so viel Lob, ebnet sie gegen heftigen Widerstand in den eigenen Reihen einer Unterschriftensammlung für doppelte Staatsbürgerschaft den Weg. Mit fünf Millionen Unterschriften ist es die erfolgreichste Aktion seit Bestehen der Bundesrepublik.

Die CDU sieht sich nach großem Stimmenzuwachs bei Landtags- und Europawahlen im Aufwind – und dann folgt mit dem Spendenskandal der jähe Absturz. Der frühere Schatzmeister hat Parteigelder am Fiskus vorbei ins Ausland geschafft; Altkanzler Kohl hat Spenden entgegengenommen, die nirgends verbucht sind und deren Quellen er nicht preisgibt. Die »Sauberfrau« Merkel ist empört. Sie übt in der *FAZ* vom 22. Dezember 1999 öffentlich Kritik an Kohls parteischädigendem Verhalten und fordert Konsequenzen: »Die Partei muss also laufen lernen, muss sich zutrauen, in Zukunft auch ohne ihr altes Schlachtross, wie Helmut Kohl sich oft selbst gerne genannt hat, den Kampf mit dem politischen Gegner aufzunehmen.« Der Altkanzler verzichtet unter dem Druck von Partei und Medien auf seinen Ehrenvorsitz.

Auch Wolfgang Schäuble ist wegen Unklarheiten über eine Parteispende unter Druck geraten und tritt als Partei- und Fraktionsvorsitzender zurück. Und wieder ist Angela Merkel zur richtigen Zeit an der richtigen Stelle. Sie wird mit der Übernahme des Parteivorsitzes betraut, als Retterin in der Not gefeiert und auch schon als künftige Kanzlerin gehandelt. Sie traut sich diese Herausforderung zu, doch da gibt es noch einen Gegenspieler, den CSU-Vorsitzenden Edmund Stoiber. Als sie merkt, dass dieser wohl mehr Stimmen bekommen wird als sie, zieht sie ihre Kandidatur zurück und unterstützt Stoiber. Dieser loyale, großmütig wirkende Verzicht bringt ihr viel Sympathie bei den Wählern ein.

Bei der Bundestagswahl 2002 geht die amtierende rot-grüne Regierungskoalition unter Gerhard Schröder und Joschka Fischer als knappe Siegerin hervor. Angela Merkel, die für den unterlegenen Stoiber vergeblich Wahlkampf gemacht hat, sitzt auf der Oppositionsbank. Nicht zerknirscht und resigniert, sondern kämpferisch selbstbewusst auch die eigene Partei herausfordernd. Sie beansprucht neben dem Partei- auch den Fraktionsvorsitz, um Schröder im Parlament als Oppositionsführerin entgegentreten zu können. Der bisherige Fraktionsvorsitzende Friedrich Merz ist nicht bereit, auf sein Amt zu verzichten. Bei dem Machtpoker siegt Angela Merkel mit dem entscheidenden Votum Stoibers, den sie im Wahlkampf unterstützt hat. Sie hat sich von »Kohls Mädchen« zur geschickten Strategin und machtbewussten Profipolitikerin entwickelt – durchgebissen, sagen Gegner ihres robusten Umgangs mit Rivalen, die ihr in die Quere kommen. Tüchtigkeit, Fleiß, Planungsrationalität und konstruktives Denken – notwendige Fähigkeiten in Führungspositionen – spricht ihr niemand ab.

Sie betreibt, flexibel und vorausschauend, keine Blockadepolitik, sondern trägt wichtige Entscheide der Regierung, etwa zur von der CSU abgelehnten Gesundheitsreform oder zu Hartz IV, mit. Allerdings unterstützt sie Schröders eindeutige Ablehnung des Irakkrieges nicht, sondern sympathisiert mit Bushs Konfrontationskurs, was vielfach auf Unverständnis stößt. Auch der von ihr gebrauchte Begriff einer »Leitkultur« stiftet Verwirrung. Sie versteht ihn jedoch nicht im Sinne nationaler Überheblichkeit, sondern möchte die europäische Kultur gegenüber erstarkenden muslimischen Strömungen bewahrt wissen. Hier lebende Muslime sollten unsere Gesetze anerkennen und auf ihre überlieferten archaischen Vorschriften wie Zwangsheirat, Ehrenmord oder Unterdrückung und Züchtigung von Frauen verzichten. Sie schlägt statt einer von der Türkei angestrebten Vollmitgliedschaft in der Europäischen Gemeinschaft eine »privilegierte Partnerschaft« vor.

Als 2004 nach dem Ausscheiden von Johannes Rau ein neuer Bundespräsident oder eine Präsidentin gesucht wird, stellt die SPD Gesine Schwan als Kandidatin auf. Die Union favorisiert Wolfgang Schäuble, es könnte die Krönung der Laufbahn eines schwer Angeschlagenen sein. Doch Angela Merkel bringt überraschend einen Quereinsteiger, den politisch unerfahrenen Finanzfachmann Horst Köhler ins Gespräch. Ein Affront gegen Schäuble? Viele sehen es so. Köhler wird nominiert und gleich im ersten Wahlgang zum Bundespräsidenten gewählt. Eine weitere Bestätigung für die Vorsitzende – vielleicht gekoppelt mit einem leisen Schuldgefühl dem unterlegenen Wolfgang Schäuble gegenüber?

Nach mehreren Wahlniederlagen der SPD kündigt Kanzler Schröder vorgezogene Neuwahlen an. Für die Union steht fest, wen sie ins Rennen schickt: Angela Merkel. Bei der Bundestagswahl am 18. September 2005 erreichen weder die CDU/CSU mit der FDP noch die SPD mit den Grünen ihr Ziel einer Regierungsbildung, sodass nach mühsamen Verhandlungen schließlich eine Große Koalition mit dem Anspruch der Union auf das Kanzleramt zustande kommt.

Letzte Stufe auf der Karriereleiter

Am 22. November 2005 wird Angela Merkel zur Bundeskanzlerin gewählt. Alles passt, mit ihrer Biografie lässt sich auch in der ausländischen Presse punkten: erste Frau und mit 51 Jahren jüngste Amtsinhaberin. Dazu Naturwissenschaftlerin und aus den neuen Bundesländern stammend. Bei ihrer Wahl sitzen die Eltern auf der Bundestagstribüne. Für die Mutter ein Festtag. Sie hat die Tochter auch auf CDU-Wahlkundgebungen in Templin begleitet, obwohl sie selbst aktives SPD-Mitglied ist. Beim Vater, zu dem die Tochter nach wie vor kein enges Verhältnis hat, dürften die Gefühle gespalten sein. Wahrscheinlich verspürt der sozialismusgläubige Kirchenmann doch auch ein Gran Stolz über die Karriere der Tochter im »kapitalistischen Westen«.

Merkels sachlicher Regierungsstil, ihre schnörkellose Sprache und die präzise Formulierung ihrer Forderungen kommen bei der Bevölkerung und in den Medien gut an – bis sich zeigt, dass es ihr bei der Umsetzung dieser Forderungen nicht selten an Entschlossenheit fehlt. Sie möchte es allen recht machen und gerät dabei gelegentlich zwischen die Stühle. Aber gemeinsam mit SPD-Vizekanzler Steinmeier bringt sie auch eine Reihe von unpopulären Änderungen auf den Weg, unter anderem die Abschaffung der Eigenheimzulage, die Reduzierung des Sparerfreibetrags und die Föderalismusreform. Noch 2006 tritt das Antidiskriminierungsgesetz in Kraft und im Jahr darauf wird das Erziehungsgeld durch das einkommensabhängige Elterngeld ersetzt.

Die Sparmaßnahmen greifen, die Neuverschuldung sinkt, doch im Herbst 2008 erreicht die durch den Zusammenbruch amerikanischer Großbanken ausgelöste Finanzkrise auch Deutschland. Die Bundeskanzlerin sieht sich – entgegen ihrer Idee von freier Marktwirtschaft – gemeinsam mit Finanzminister Steinbrück zu Stützmaßnahmen für Banken und Versicherungen gezwungen. Das belastet den Staatshaushalt enorm, soll aber den Zusammenbruch vieler Wirtschaftszweige und den drohenden Anstieg der Arbeitslosenzahlen verhindern. Die Höhe dieser Finanzspritze an selbstherrliche Banken, die ihren Managern weiterhin Boni zahlen, stößt den Stimmbürgern sauer auf, fehlt doch allerorten das Geld für Sanierungen und Neuerungen, vor allem für eine längst überfällige Bildungsreform. Angela Merkel weiß nur zu gut um diese Misere, sie hat das Thema Bildung zur Chefsache gemacht und das Schlagwort »Bildungsrepublik Deutschland« geprägt.

Auf dem Weltwirtschaftsforum 2009 in Davos hat die Kanzlerin angesichts der weltweiten Finanz- und Wirtschaftskrise eine internationale Charta für nachhaltiges Wirtschaften angeregt, eine Art »Weltwirtschaftsrat«. Zu den wichtigsten Aufgaben eines solchen Rates müssten Klimaschutz, Armutsbekämpfung, eine offene Weltwirtschaft und Strukturen für ein weltweit funktionierendes Finanzsystem gehören. Verantwortungslose Exzesse müssten künftig verhindert werden, sagte sie in ihrem Plädoyer für die soziale Marktwirtschaft. Ihre Anregungen stießen auf Skepsis der anwesenden Politiker und Wirtschaftsführer, die eine globale Umsetzung so weit gefasster Themen für unrealistisch hielten. Aber immerhin: Es gibt nun ein Merkel-Papier, das in die Akten eingeht.

Aufmerksamkeit über Deutschland hinaus erreichte die Kanzlerin 2009 auch mit ihrer Kritik am Papst, der einen abtrünnigen Bischof und Holocaust-Leugner wieder in die Kirche aufgenommen hat. Als Protestantin stände ihr eine Kritik am Oberhaupt der katholischen Kirche nicht zu, meinten die einen, ihre Papst-Rüge sei richtig und notwendig gewesen, die anderen. Der Kanzlerin ist an einem guten Verhältnis Deutschlands zu Israel viel gelegen. Sie hat als erste ausländische Regierungschefin vor der Knesset in Jerusalem eine Rede – zum Teil in hebräischer Sprache – gehalten und betonte darin die historische Verantwortung Deutschlands für Israel. Die Hebräische Universität Jerusalem hat ihr die Ehrendoktorwürde verliehen und in Deutschland erhielt sie 2007 den Leo-Baeck-Preis des Zentralrats der Juden für ihre Verdienste um die deutsch-jüdischen Beziehungen. Verständlich, dass sie diese guten Beziehungen nicht durch den deutschen Papst gefährdet sehen möchte.

Tage ohne Terminkalender

Ihre spärliche Freizeit verbringt die Kanzlerin am liebsten gemeinsam mit ihrem Mann im ruhigen Wochenendhaus in der Uckermark, die ihr von Kindheit an vertraut ist.

Hier holt sie all das nach, wozu sie im hektischen Alltag nicht kommt. Sie nimmt sich Zeit für dicke Bücher, kocht selbst, auch für Gäste, streift durch die Natur und beobachtet dabei, wie der Klimawandel selbst hier immer deutlicher spürbar wird: der Boden trocknet aus und die alten Eichen sterben langsam. An der Küste werden die Stürme heftiger und die Wellen schlagen so hoch, dass die Seenotkreuzer Mühe haben, gekenterte Schiffe an Land zu holen. Dürre hier, Überflutungen dort. Die Naturkatastrophen nehmen zu und die Menschen suchen nach den Ursachen.

Ihre Gedanken gehen zurück in die Kirche von Templin, in der sie konfirmiert und getraut wurde. Die Jugendzeit in der DDR zieht an ihr vorüber, die sie nicht als dauernde Bedrückung empfunden hat, weil es immer Nischen gab, in die sie sich zurückziehen konnte. Schon in der Kindheit hatte sie ihre eigene Welt, die Welt des kleinen Mädchens Angela, das brav in der Kirchenbank sitzt und dem in der Nacht die goldenen Sterne vom Himmel in den Schoß fallen.

Im Märchen geht das Ende immer gut aus, im wahren Leben bleibt das Ende offen.

Literaturhinweise

HANNAH ARENDT

Hannah Arendt: *Elemente und Ursprünge totaler Herrschaft*, Frankfurt a. M. 1955/München 2003
Hannah Arendt: *Rahel Varnhagen. Lebensgeschichte einer deutschen Jüdin aus der Romantik*, München 1959/1998
Hannah Arendt: *Vita activa oder Vom tätigen Leben*, Stuttgart 1960
Hannah Arendt: *Eichmann in Jerusalem. Ein Bericht von der Banalität des Bösen*, München 1964/1986
Lotte Köhler (Hg.): *Hannah Arendt und Karl Jaspers: Briefwechsel 1926–1969*, München/Zürich 1985/2001
Carol Brightman (Hg.): *Hannah Arendt und Mary McCarthy: Im Vertrauen. Briefwechsel 1949–1975*, München 1995
Ursula Ludz (Hg.): *Hannah Arendt und Martin Heidegger: Briefe 1925 bis 1975 und andere Zeugnisse*, Frankfurt a. M. 1998/2002

HILDE DOMIN

Hilde Domin: *Nur eine Rose als Stütze. Gedichte*, Frankfurt a. M. 1959
Hilde Domin: *Das zweite Paradies. Roman*, Frankfurt a. M. 1968
Hilde Domin: *Gesammelte Gedichte*, Frankfurt a. M. 1987
Hilde Domin: *Gesammelte Essays: Heimat in der Sprache*, München 1992
Hilde Domin: *Gesammelte autobiographische Schriften: Fast ein Lebenslauf*, München 1992
Hilde Domin: *Der Baum blüht trotzdem. Gedichte*, Frankfurt a. M. 1999

LORE LORENTZ

Lore Lorentz, Thomas Mayer: *Düsseldorf und Düsseldorfer. Henkel und Hinkel, Beuys und Tante Berta*, Freiburg i. Br. 1985
Lore Lorentz: *Marschmusik für Einzelgänger. Ansichten von Martin Morlock. Neu gerahmt von Wolfgang Franke*, München 1986

Lore Lorentz: *Denk ich an Deutschland. Eine kabarettistische Lesung mit Heinrich Heine*, CD 1990, neu aufgelegt im Heine-Gedenkjahr 2006

Kay Lorentz: *Das »Kom(m)ödchen« Buch*, Düsseldorf 1955

Klaus Budzinski: *Pfeffer ins Getriebe. So ist und wurde das Kabarett*, München 1982

Gertrude Cepel-Kaufmann, Antje Johanning, Winrich Weiszies: *Wenn es dem »Kom(m)ödchen« nicht gefällt ...: Ein Kabarett in Deutschland*, Düsseldorf 2000

HILDEGARD HAMM-BRÜCHER

Hildegard Hamm-Brücher: *Wider die Selbstgerechtigkeit. Nachdenken über Sein und Schein der Westdeutschen*, München 1992

Hildegard Hamm-Brücher: *Freiheit ist mehr als ein Wort. Eine Lebensbilanz 1921–1996*, Köln 1996

Hildegard Hamm-Brücher: *»Zerreißt den Mantel der Gleichgültigkeit«. Die ›Weiße Rose‹ und unsere Zeit*, Berlin 1997

Hildegard Hamm-Brücher: *Erinnern für die Zukunft. Ein zeitgeschichtliches Nachlesebuch 1991 bis 2001*, München 2001

Hildegard Hamm-Brücher, Sandra Maischberger: *Ich bin so frei. Hildegard Hamm-Brücher im Gespräch mit Sandra Maischberger*, Düsseldorf 2003

Hildegard Hamm-Brücher: *In guter Verfassung? Nachdenken über die Demokratie in Deutschland*, München 2006

DOROTHEE SÖLLE

Dorothee Sölle: *Atheistisch an Gott glauben. Beiträge zur Theologie*, Olten 1968

Dorothee Sölle, Fulbert Steffensky: *Nicht nur Ja und Amen. Von Christen im Widerstand*, Reinbek 1989

Dorothee Sölle: *Es muss doch mehr als alles geben. Nachdenken über Gott*, Hamburg 1992

Dorothee Sölle: *Gegenwind. Erinnerungen*, Hamburg 1995

Dorothee Sölle, Luise Schottroff: *Den Himmel erden. Eine ökofeministische Annäherung an die Bibel*, München 1996

Dorothee Sölle: *Das Eis der Seele spalten. Theologie und Literatur in sprachloser Zeit*, Mainz 1996

ULRIKE MEINHOF

Ulrike Meinhof: *Bambule – Fürsorge – Sorge für wen?* Berlin 1971/2002
Ulrike Meinhof: *Deutschland Deutschland unter anderm. Aufsätze und Polemiken*, Berlin 1995/2004
Stefan Aust: *Der Baader-Meinhof-Komplex*, Hamburg 1985/überarbeitete, ergänzte Neuauflage 2008
Bettina Röhl: *So macht Kommunismus Spaß. Ulrike Meinhof, Klaus Rainer Röhl und die Akte Konkret*, Hamburg 2006
Jutta Ditfurth: *Ulrike Meinhof. Die Biographie*, Berlin 2007
Ulf G. Stuberger: *Die Akte RAF – Taten und Motive. Täter und Opfer*, München 2008

RITA SÜSSMUTH

Rita Süssmuth: *Frauen – der Resignation keine Chance*, Düsseldorf 1985
Rita Süssmuth: *Aids: Wege aus der Angst*, Hamburg 1987
Rita Süssmuth: *Wer nicht kämpft, hat schon verloren. Meine Erfahrungen mit der Politik*, München 2000
Rita Süssmuth: *Migration und Integration. Testfall für unsere Gesellschaft*, München 2006
Rita Süssmuth: *Dennoch: Der Mensch geht vor. Für eine Umkehr in Politik und Gesellschaft*, Gütersloh 2007

CHRISTIANE NÜSSLEIN-VOLHARD

Christiane Nüsslein-Volhard: *Die Identifizierung von Genen, die die Entwicklung bei Fliegen und Fischen steuern*, Nobelpreis-Vortrag 1995, veröffentlicht 1996
Christiane Nüsslein-Volhard: *Das Werden des Lebens: Wie Gene die Entwicklung steuern*, München 2004
Christiane Nüsslein-Volhard: *Von Genen und Embryonen*, Stuttgart 2004

Christiane Nüsslein-Volhard: *Mein Kochbuch: Einfaches zu besonderen Anlässen*, Frankfurt a. M. 2006

ALICE SCHWARZER

Alice Schwarzer: *Der »kleine Unterschied« und seine großen Folgen. Frauen über sich. Beginn einer Befreiung*, Frankfurt a. M. 1975

Alice Schwarzer: *Eine tödliche Liebe: Petra Kelly und Gert Bastian*, Köln 1993/2001

Alice Schwarzer: *Marion Dönhoff. Ein widerständiges Leben*, Köln 1996

Alice Schwarzer: *Der große Unterschied. Gegen die Spaltung von Menschen in Männer und Frauen*, Köln 2000

Alice Schwarzer, Simone de Beauvoir: *Weggefährtinnen im Gespräch*, Köln TB 2007

GESINE SCHWAN

Gesine Schwan: *Wissenschaft und Politik in öffentlicher Verantwortung. Problemdiagnosen in einer Zeit des Umbruchs*, Baden-Baden 1995

Gesine Schwan: *Politik und Schuld. Die zerstörerische Macht des Schweigens*, Frankfurt a. M. 1997

Gesine Schwan: *Antikommunismus und Antiamerikanismus in Deutschland. Kontinuität und Wandel nach 1945*, Baden-Baden 1999

Gesine Schwan: *Vertrauen und Politik: politische Theorie im Zeitalter der Globalisierung*, Stuttgart 2006

Gesine Schwan, Susanne Gaschke: *Allein ist nicht genug. Für eine neue Kultur der Gemeinsamkeit*, Freiburg i. Br. 2007

PETRA KELLY

Petra Kelly: *Um Hoffnung kämpfen! Gewaltfrei in eine grüne Zukunft*. Vorwort von Heinrich Böll, Bornheim-Merten 1983

Petra Kelly, Gert Bastian (Hg.): *Tibet. Ein vergewaltigtes Land. Berichte vom Dach der Welt*, Reinbek 1988

Petra Kelly: *Mit dem Herzen denken. Texte für eine glaubwürdige Politik*, München 1990

Petra Kelly: *Lebe, als müsstest du heute sterben. Texte und Interviews*, Düsseldorf 1997

Lukas Beckmann, Lew Kopelew (Hg.): *Gedenken heißt erinnern. Petra K. Kelly, Gert Bastian*, Göttingen 1993

Alice Schwarzer: *Eine tödliche Liebe: Petra Kelly und Gert Bastian*. Köln 1993/2001

Heinrich-Böll-Stiftung (Hg.): *Petra Kelly. Eine Erinnerung*, Berlin 2007

ANGELA MERKEL

Angela Merkel: *In unruhiger Zeit. Reden und Aufsätze aus drei Jahren deutscher Einheit*, Düsseldorf/ Bonn 1994

Angela Merkel: *Das vereinte Deutschland in der Europäischen Union, neue Chancen für Frauen und Jugendliche*, Bonn 1994

Angela Merkel, Hartmut Grassl: *Ist unser Klima noch zu retten?* Sankt Augustin 1995

Angela Merkel: *Der Preis des Überlebens. Gedanken und Gespräche über zukünftige Aufgaben der Umweltpolitik*, Stuttgart 1997

Angela Merkel (Hg.): *Europa und die deutsche Einheit. Zehn Jahre Wiedervereinigung: Bilanz und Ausblick*, Freiburg i. Br. 2000

Angela Merkel, Hugo Müller-Vogg: *Mein Weg. Angela Merkel im Gespräch mit Hugo Müller-Vogg*, Hamburg 2004

Bildnachweis

Picture-Alliance, Frankfurt: *Hannah Arendt* (dpa/UPI): S. 10
Süddeutsche Zeitung Photo, München: *Hilde Domin* (Jürgen Bauer): S. 32
Süddeutsche Zeitung Photo, München: *Lore Lorentz* (Ingrid von Kruse): S. 54
Vario Images, Bonn: *Hildegard Hamm-Brücher* (Ulrich Baumgarten): S. 72
Picture-Alliance, Frankfurt: *Dorothee Sölle* (dpa/Rolf Rick): S. 90
Ullstein Bild, Berlin: *Ulrike Meinhof* (Lehmann): S. 108
Laif, Köln: *Rita Süssmuth* (Bettina Flitner): S. 130
Laif, Köln: *Christiane Nüsslein-Volhard* (Bettina Flitner): S. 154
Laif, Köln: *Alice Schwarzer* (Bettina Flitner): S. 172
AP Photo, Frankfurt: *Gesine Schwan* (Heide Fest, Europa-Universität Viadrina): S. 190
Picture-Alliance, Frankfurt: *Petra Kelly* (dpa/Popp): S. 210
AP Photo, Frankfurt: *Angela Merkel* (Markus Schreiber): S. 230